80 pains maison

80 pains maison

EDITIONS ATLAS

Édité par :
Éditions Glénat

Services éditoriaux et commerciaux :
Éditions Glénat – 31-33, rue Ernest Renan
92130 Issy-les-Moulineaux

Cet ouvrage est une édition partielle de l'encyclopédie « Pains, gâteaux et viennoiserie » publiée par les Éditions Atlas.

Crédits photographiques :
Couverture : J. Hall/Sucré Salé
Intérieur :
Philippe Barret : p. 44-47, 50-59, 62, 63, 70, 71, 74, 75, 78-83, 92-95, 100, 101, 108, 109, 120, 121, 138, 139, 148, 149, 164, 165, 168, 169. D.R. : 10, 11, 20, 21, 28, 29, 86, 87, 134, 135, 144, 145, 154, 155, 160, 161, 166, 167. Envision / Corbis : 40. A. Muriot / photocuisine / Corbis : 110. Nicoloso / photocuisine / Corbis : 9. B. Norris / photocuisine / Corbis : 146. Roulier / Turiot/ photocuisine / Corbis : 76. Francis Waldman : p. 10, 11, 16-35, 38, 39, 42, 43, 48, 49, 54, 55, 58-61, 64-69, 72, 73, 84-91, 96-99, 102-107, 112-119, 122-137, 140-145, 150-163, 166-173.

Imprimé en Italie par
Eurografica –Via del progresso, 125
36035 Marano - Vicenza
Achevé d'imprimer : mars 2007
Dépôt légal : mars 2007
ISBN : 978-2-7234-5970-9

› Introduction

Surprenez et régalez vos proches en réalisant chez vous des pains hauts en couleurs et en saveurs. La vraie baguette du boulanger, le pain de mie, le pain moutarde et jambon, la fougasse aux olives mais aussi le pain complet, le pain aux céréales, les petits pains aux pignons... Tous les pains de table, riches en saveurs et de formes variées : farine de blé, de seigle, d'avoine, d'orge, farine bio ou farine de châtaigne, pains longs, pains ronds, pains en couronne, pains tressés... Des pains de boulanger pour toutes les occasions et pour tous les goûts, que vous aurez plaisir à pétrir vous-même ! Quelques recettes de pains sucrés clôturent l'ouvrage : pain perdu de nos grand-mères, véritable pain d'épices, le pain met ses habits de fête ! Retrouvez ici des recettes traditionnelles et goûteuses transmises de génération en génération.

L'éditeur

› Sommaire

Les pains traditionnels

Préparation : 1 heure | Repos : 3 heures | Cuisson : 20 minutes | Réalisation : assez facile | Coût : bon marché

La baguette parisienne

Vu de l'étranger, un Français ne saurait être représenté sans sa baguette. Ce pain blanc, raffiné et de forme allongée, est apparu au XVIIe siècle à la cour du Roi-Soleil, le pain noir étant réservé au peuple. Aujourd'hui, malgré la variété des pains, on continue d'apprécier sa croûte fine et craquante et le moelleux de sa mie.

1 PRÉPARATION. Dans un bol, émiettez les 15 g de levure et versez dessus 15 cl d'eau tiède. Délayez bien la levure et laissez reposer 10 min. À part, faites fondre les 2 cuillères à café de sel dans le reste d'eau, soit 25 cl.

2 MÉLANGE. Mettez les 500 g de farine ordinaire et les 100 g de farine très fine dans un grand saladier et mélangez-les. Faites un puits au centre. Versez la levure délayée et l'eau salée. Avec les mains, incorporez peu à peu la farine jusqu'à obtenir un mélange lisse et souple.

Ingrédients
(pour 3 baguettes)

- ✓ *500 g de farine de blé ordinaire tamisée*
- ✓ *100 g de farine blanche très fine tamisée*
- ✓ *15 g de levure fraîche de boulanger*
- ✓ *2 cuillères à café de sel*
- ✓ *40 cl d'eau tiède (25°)*
- ✓ *1 cuillère à café de sel dans 10 cl d'eau pour le glaçage*
- ✓ *1 cuillère à soupe d'huile*

3 FERMENTATION ET PÉTRISSAGE. Formez une boule avec la pâte. Couvrez avec un linge humide et laissez reposer pendant 1 h 30. Retournez la pâte sur le plan de travail légèrement fariné et travaillez-la 10 min., jusqu'à ce qu'elle devienne ferme et élastique.

4 TEMPS DE REPOS ET PÉTRISSAGE. Remettez la pâte dans un saladier enduit d'huile, retournez. Couvrez et laissez reposer pendant 30 min. Écrasez la pâte, puis partagez-la en trois portions. Roulez chaque morceau en cylindre d'environ 30 à 40 cm. Faites trois plis dans un torchon fariné. Placez-y les baguettes. Couvrez et laissez reposer 1 h.

5 GLAÇAGE. Préchauffez le four à 220° (th. 7-8). Placez les baguettes sur la plaque de cuisson, incisez-les de trois traits en biais, avec un couteau. Badigeonnez-les avec une cuillère à café de sel mélangée à 10 cl d'eau.

6 CUISSON. Quand le four est chaud, faites cuire les baguettes pendant 15 min. en les badigeonnant d'eau salée et en pulvérisant de l'eau dans le four à deux reprises. Réduisez la température à 200° (th. 6-7) et laissez 5 min. pour que la croûte soit bien dorée.

Préparation : 20 minutes | Repos : 3 heures 30 | Cuisson : 20 minutes | Réalisation : facile | Coût : bon marché

La baguette
rustique

Que serait la France sans sa traditionnelle baguette ? Voici une authentique recette de boulanger, avec un savoureux mélange de farine, qui vous voudra l'admiration de tous vos amis gourmands !

1 Préparation de la levure. Émiettez les 12 g de levure fraîche dans les 20 cl d'eau tiède.

2 Mélange. Versez dans un saladier les 250 g de farine de blé ordinaire et les 150 g de farine semi-complète. Mélangez. Ajoutez la levure délayée, les 2 cuillères à café de sel et mélangez bien.

Ingrédients
(pour 2 baguettes)

- ✓ *250 g de farine de blé ordinaire tamisée*
- ✓ *150 g de farine semi-complète*
- ✓ *12 g de levure fraîche de boulanger*
- ✓ *20 cl d'eau tiède*
- ✓ *2 cuillères à café de sel fin*

3 Pétrissage. Pétrissez la pâte pendant 10 min.

4 1er temps de repos. Formez une boule de pâte et mettez-la dans un plat creux légèrement huilé. Couvrez d'un linge et laissez reposer environ 2 h 30 dans un endroit chaud à l'abri des courants d'air.

›ASTUCE

N'oubliez pas que de la qualité de votre farine dépendra celle de vos pains ! Alors, pourquoi ne pas vous renseigner auprès du meilleur boulanger de votre quartier et lui acheter un peu de farine ? Il est toujours intéressant de comparer les produits de base, quitte à changer alors ses habitudes !

5 2e temps de repos. Travaillez la pâte quelques instants. Partagez-la en deux et façonnez 2 boudins. Rangez-les sur une plaque de four farinée en les espaçant bien. Couvrez d'un linge et laissez reposer dans un endroit chaud pendant 1 h.

6 Cuisson. Préchauffez le four à 240° (th. 8). Placez un bol d'eau dans le bas du four. Badigeonnez les pains d'eau, saupoudrez d'un peu de farine avec une petite passoire et mettez à cuire environ 20 min., en baissant la température à 210° (th. 7) les 10 dernières minutes.

Le pain *passion*

Croustillant et goûteux, le pain passion est la simplicité même ! Il s'invitera avec bonheur à votre table et mettra en valeur un poulet rôti ou une viande doucement mitonnée. Sa mie moelleuse convient tout particulièrement à vos plateaux de fromage.

1 PRÉPARATION. Versez les 20 cl d'eau tiède dans un bol, émiettez les 12 g de levure fraîche et déposez-les dans un bol.

2 MÉLANGE. Versez les 350 g de farine dans un saladier et ajoutez la levure délayée. Mélangez bien. Versez la cuillère à café et demie de sel. Pétrissez la pâte pendant environ 10 min.

Ingrédients
(pour 2 pains)

- ✓ *350 g de farine de blé ordinaire tamisée*
- ✓ *12 g de levure fraîche de boulanger*
- ✓ *20 cl d'eau tiède (environ 30°)*
- ✓ *1,5 cuillère à café de sel fin*

3 1ER TEMPS DE REPOS. Déposez la pâte dans un plat creux, couvrez d'un linge et laissez reposer 1 h dans un endroit chaud à l'abri des courants d'air. La pâte gonflera doucement.

4 2E TEMPS DE REPOS. Formez une boule de pâte et laissez reposer encore 30 min. dans un endroit chaud.

›ASTUCE

Pensez à fariner vos mains avant de travailler la pâte, cela évitera qu'elles collent. Si la croûte de vos pains prend une coloration trop brune à la cuisson, posez une feuille de papier sulfurisé sur le dessus. Ne laissez jamais vos pains refroidir sur la plaque de cuisson. Les déposer sur une grille leur permet d'évacuer une partie de l'humidité et ils gagnent ainsi en croustillant.

5 FAÇONNAGE. Travaillez la pâte, retournez-la, aplatissez-la et pliez-la. Formez 2 pains de forme allongée. Rangez-les sur une plaque de four farinée. Couvrez d'un linge et laissez reposer dans un endroit chaud pendant une heure. Préchauffez le four à 240° (th. 8).

6 CUISSON. Déposez un plat à gratin rempli d'eau tiède dans le bas de votre four. Donnez 4 coups de lame transversalement. Mettez à four chaud environ 30 min. en baissant la température à 180° (th. 6) les 10 dernières minutes Laissez refroidir sur une grille.

Préparation : 35 minutes | *Repos : 3 heures* | *Cuisson : 35 minutes* | *Réalisation : facile* | *Coût : bon marché*

Le pain *de son*

Alliez le plaisir de la gourmandise et les bienfaits de la diététique en retrouvant une saveur oubliée : celle du son. Ce pain nourrissant et savoureux mettra en relief vos charcuteries et vos fromages !

1 PRÉPARATION. Versez 10 cl d'eau tiède dans un bol et délayez les 12 g de levure fraîche.

2 PÉTRISSAGE. Mélangez dans un bol les 400 g de farine de blé et les 50 g de son. Ajoutez la levure délayée. Mélangez bien. Puis versez les 2 cuillères à café de sel. Versez peu à peu, tout en mélangeant, les 20 cl d'eau tiède restant. Pétrissez pendant 10 min. environ.

Ingrédients
(pour 1 pain)

- ✓ *400 g de farine de blé ordinaire tamisée*
- ✓ *50 g + 2 cuillères à soupe de son de préférence biologique*
- ✓ *12 g de levure fraîche de boulanger*
- ✓ *30 cl d'eau tiède (environ 25°)*
- ✓ *2 cuillères à café de sel fin*

3 1ER TEMPS DE REPOS. Formez une boule lisse et homogène. Mettez la pâte dans un plat creux, couvrez d'un linge et laissez reposer 1 h dans un endroit chaud à l'abri des courants d'air. La pâte gonflera doucement.

4 FAÇONNAGE. Déposez la pâte sur un plan de travail fariné et rompez-la plusieurs fois avec les mains. Formez un pain allongé, badigeonnez-le d'un peu d'eau et roulez-le rapidement dans les 2 cuillères à soupe de son.

› DÉGUSTATION

Ce pain est délicieux servi en tartines avec un assortiment de fromages frais aux herbes ou des fromages piquants comme le bleu de Bresse ou la fourme d'Ambert. Vous pouvez aussi toaster légèrement vos tartines et, quand elles sont chaudes, les garnir d'un mélange de beurre et de roquefort. Et si vous les détaillez en carrés ou en losanges, vous pouvez les servir à l'apéritif !

5 2E TEMPS DE REPOS. Déposez le pain sur une plaque de four légèrement huilée et farinée. Couvrez d'un linge et laissez reposer dans un endroit chaud pendant 2 h.

6 CUISSON. Préchauffez le four à 240° (Th. 8). Placez un grand bol d'eau tiède dans le bas de votre four. Piquez le dessus du pain avec la pointe d'un couteau. Mettez le pain à four chaud pendant 35 min. en baissant la température à 210° (Th. 7) pour les 10 dernières minutes.

Préparation : 25 minutes | Repos : 3 heure 30 | Cuisson : 35 minutes | Réalisation : facile | Coût : bon marché

Le pain
de seigle

Savourez un vrai pain rustique qui fleure bon la campagne et les odeurs d'autrefois. Ce pain de seigle, facile à conserver par congélation, épatera vos amis et donnera du tonus à toute la famille !

1 **Préparation.** Versez les 10 cl d'eau tiède dans un bol et délayez les 10 g de levure fraîche. Versez les 200 g de farine de blé et les 120 g de farine de seigle avec 1,5 cuillère à café de sel sur un plan de travail. Mélangez et creusez un puits.

2 **Pétrissage.** Ajoutez la levure délayée et le reste d'eau. Mélangez bien pour obtenir une pâte molle mais non collante. Pétrissez la pâte avec les mains pendant 10 min. Votre pâte doit former une boule élastique et homogène et ne pas coller aux doigts.

Ingrédients
(pour 1 pain)

- ✓ *200 g de farine de blé ordinaire tamisée*
- ✓ *120 g de farine de seigle tamisée*
- ✓ *10 g de levure fraîche de boulanger*
- ✓ *18 cl d'eau tiède (environ 25°)*
- ✓ *1,5 cuillère à café de sel fin*

3 **1er temps de repos.** Déposez la pâte dans un plat creux, couvrez d'un linge et laissez reposer 1 h 30 dans un endroit chaud à l'abri des courants d'air. La pâte va doucement gonfler.

4 **Façonnage.** Déposez la pâte sur un plan de travail fariné et rompez-la plusieurs fois avec les mains. Façonnez un pain rond.

5 **2e temps de repos.** Rangez le pain sur une plaque de four farinée. Couvrez d'un linge et laissez reposer dans un endroit chaud pendant 2 heures.

6 **Cuisson.** Préchauffez le four à 240° (th. 8). Déposez un plat à gratin rempli d'eau tiède dans le bas de votre four. Badigeonnez la surface du pain d'un peu d'eau. Mettez à four chaud environ 35 min. en baissant la température à 210° (th. 7) les 10 dernières minutes. Laissez refroidir sur une grille.

› CONSERVATION

Vous pouvez facilement conserver votre pain au congélateur. Pour obtenir de bons résultats, mettez-le au congélateur alors qu'il est encore très frais, et enveloppez-le dans un sac plastique. Vous le sortirez la veille de son utilisation et le laisserez décongeler à l'air libre durant toute une nuit. Il sera parfait pour le petit déjeuner mais pourra aussi accompagner dignement un civet ou une pièce de viande rôtie !

Préparation : 45 minutes | *Repos : 2 heures 30* | *Cuisson : 40 minutes* | *Réalisation : assez facile* | *Coût : asez cher*

Le pain *de mie*

Le pain de mie, avec son goût laiteux et légèrement sucré, est un grand classique du petit-déjeuner ou du goûter. C'est le meilleur des toasts grillés, servi avec un peu de beurre et de confiture. Il se marie également très bien avec toutes sortes de mets salés pour devenir le roi des cocktails, ou un simple sandwich pour un petit en-cas.

1 Préparation. Dans un bol, commencez par émietter les 20 g de levure et délayez-les dans 10 cl d'eau tiède. Ajoutez les 20 cl de lait, les 2 cuillères à café de sel et les 20 g de sucre. Remuez pour dissoudre l'ensemble.

2 Mélange. Sur le plan de travail, effectuez une fontaine avec les 600 g de farine, versez la préparation liquide en l'incorporant petit à petit du bout des doigts. Ajoutez les 30 g de beurre fondu et l'œuf. Mélangez bien tous les ingrédients.

Ingrédients
(pour 2 pains)

- ✓ *600 g de farine de blé ordinaire tamisée*
- ✓ *20 cl de lait entier*
- ✓ *10 cl d'eau tiède (24°)*
- ✓ *1 œuf*
- ✓ *20 g de sucre en poudre*
- ✓ *2 cuillères à café de sel*
- ✓ *20 g de levure fraîche de boulanger*
- ✓ *30 g de beurre fondu + 30 g pour les moules*

Ustensile

- ✓ *2 moules à cake ou à pain de mie*

3 Pétrissage et fermentation. Pétrissez l'ensemble pendant 15 min. environ jusqu'à ce que la pâte soit homogène et lisse. Faites une boule et couvrez-la d'un linge humide. Laissez lever pendant 1 h 30 dans un endroit chaud (25°).

4 Façonnage et temps de repos. La pâte doit avoir doublé de volume. Faites-la retomber en appuyant dessus et en la repliant sur elle-même plusieurs fois. Divisez ensuite la pâte en deux portions. Modelez chacune en un boudin de la longueur du moule. Déposez-les dedans. Laissez lever encore 1 h.

›CONSERVATION

Le pain de mie se conserve quelques jours dans une boîte hermétique. Vous pouvez le couper à l'avance pour avoir toujours sous la main un toast à griller, pour préparer un délicieux sandwich ou faire un croque-monsieur pour le dîner. Il se déguste à toute heure et convient aux préparations délicates, comme le foie gras ou la confiture.

5 Choix du moule. Beurrez les moules. Le moule à pain de mie est rectangulaire et muni d'un couvercle, mais vous pouvez utiliser un moule à cake. Dans ce cas, le pain ne sera pas carré, mais légèrement gonflé sur le dessus.

6 Cuisson. Préchauffez le four à 200° (th. 6-7). Lorsque le four est chaud, fermez les moules à pain de mie, si vous avez opté pour eux, et enfournez. Laissez cuire 40 min. Mettez les pains à refroidir sur une grille.

Préparation : 30 minutes | Repos : 4 heures | Cuisson : 35 minutes | Réalisation : facile | Coût : bon marché

Le pain *de campagne*

Rien de meilleur qu'un bon pain de campagne ! Et quelle fierté quand vos invités découvriront que vous l'avez préparé vous-même ! Un pain généreux et nourrissant qui convient à tous les repas !

1 PRÉPARATION. Versez les 30 cl d'eau tiède dans un bol et délayez les 10 g de levure fraîche.

2 MÉLANGE. Mélangez dans un saladier les 400 g de farine de blé et les 100 g de farine de seigle. Ajoutez la levure délayée. Mélangez bien. Puis versez les 2 cuillères à café de sel. Pétrissez la pâte avec les mains pendant 10 min. environ.

Ingrédients
(pour 1 pain)

- ✓ *400 g de farine de blé ordinaire tamisée*
- ✓ *100 g de farine de seigle*
- ✓ *10 g de levure fraîche de boulanger*
- ✓ *30 cl d'eau tiède (environ 25°)*
- ✓ *2 cuillères à café de sel fin*

3 1ER TEMPS DE REPOS. Déposez la pâte dans un plat creux, couvrez d'un linge et laissez reposer 2 h dans un endroit chaud à l'abri des courants d'air. La pâte gonflera doucement.

4 FAÇONNAGE. Déposez la pâte sur un plan de travail fariné et rompez-la plusieurs fois avec les mains.

›ASTUCE

Le pain rassit très vite à l'air libre. Pour conserver votre pain dans les meilleures conditions, évitez de le mettre directement dans un sac plastique. Il deviendrait mou et caoutchouteux très rapidement. Enveloppez-le plutôt dans un torchon avant de le placer dans un sac. Il gardera ainsi plus facilement son croustillant.

5 2E TEMPS DE REPOS. Formez une boule et déposez-la sur une plaque de four légèrement huilée et farinée. Couvrez d'un linge et laissez reposer dans un endroit chaud pendant 2 h. Après ce temps de repos, préchauffez le four à 240° (Th. 8).

6 CUISSON. Mettez un bol d'eau tiède dans le bas du four. Faites sur le dessus du pain une incision en forme de croix. Badigeonnez le dessus avec un peu d'eau. Mettez le pain dans le four chaud pendant 35 min. à 210° (Th. 7) les 10 dernières minutes. Puis laissez refroidir sur une grille.

Préparation : 30 minutes | *Repos : 3 heures* | *Cuisson : 35 minutes* | *Réalisation : facile* | *Coût : bon marché*

Le pain *complet*

Jouez la surprise et confectionnez vous-même un vrai pain complet ! Ce pain rustique est un trésor de santé et une savoureuse façon de retrouver le bon goût des traditions ! Profitez-en !

Ingrédients
(pour 2 pains)

- ✓ *350 g de farine de blé complète tamisée*
- ✓ *15 g de levure fraîche de boulanger*
- ✓ *18 cl d'eau tiède (environ 25°)*
- ✓ *2 cuillères à café de sel fin*

1 PRÉPARATION. Versez les 18 cl d'eau tiède dans un bol et délayez les 15 g de levure fraîche. Versez les 350 g de farine complète dans un saladier et ajoutez la levure délayée. Mélangez bien. Versez les 2 cuillères à café de sel.

2 PÉTRISSAGE. Pétrissez la pâte avec les mains pendant 10 min. Votre pâte doit former une boule lisse et homogène et ne pas coller aux doigts.

3 1ER TEMPS DE REPOS. Déposez la pâte dans un plat creux, couvrez d'un linge et laissez reposer 1 h dans un endroit chaud à l'abri des courants d'air. La pâte va doucement gonfler.

4 FAÇONNAGE. Déposez la pâte sur un plan de travail fariné et rompez-la plusieurs fois avec les mains. Divisez la pâte en deux et façonnez deux pains de taille égale.

5 2E TEMPS DE REPOS. Rangez les pains sur une plaque de four farinée. Couvrez d'un linge et laissez reposer dans un endroit chaud pendant 2 heures.

6 CUISSON. Préchauffez le four à 240° (th. 8). Déposez un plat à gratin rempli d'eau tiède dans le bas de votre four. Incisez le dessus des pains. Mettez à four chaud environ 35 min. en baissant la température à 210° (th. 7) les 10 dernières minutes. Laissez refroidir sur une grille.

› VARIATION

Vous pouvez, pour cette recette, utiliser une farine de blé complète normale. Mais vos pains seront encore plus savoureux si vous choisissez une farine biologique, riche en son et en germe de blé et moulue à l'ancienne, sur une meule de pierre. Le grain de blé ainsi écrasé conserve alors toutes ses propriétés nutritives et gustatives. Une variante qui donnera encore plus de goût à votre pain complet.

Le pain *aux céréales*

Naturellement bon et nourrissant, le pain aux céréales va changer vos petits déjeuners et donner de l'énergie à toute la famille. Un pain tonique et parfumé pour bien commencer la journée !

1 Préparation. Versez les 18 cl d'eau tiède dans un bol et délayez les 18 g de levure fraîche. Versez les 200 g de farine ordinaire et les 150 g de farine de blé complet ainsi que les 100 g de flocons de céréales dans un saladier et ajoutez la levure délayée. Mélangez bien.

2 Pétrissage. Versez 1,5 cuillère à café de sel et 1 cuillère à soupe d'huile. Pétrissez la pâte avec les mains pendant 10 min. Votre pâte doit former une boule lisse et homogène.

3 Temps de repos. Déposez la pâte dans un plat creux, couvrez d'un linge et laissez reposer 45 min. dans un endroit chaud à l'abri des courants d'air. La pâte va doucement gonfler.

4 Façonnage. Déposez la pâte sur un plan de travail fariné et rompez-la plusieurs fois avec les mains. Façonnez avec vos mains 1 pain rond. Rangez-le sur une plaque de four farinée. Couvrez d'un linge et laissez reposer dans un endroit chaud pendant 2 h 30.

5 Cuisson. Préchauffez le four à 240° (th. 8). Badigeonnez le pain d'un peu d'eau. Saupoudrez de quelques flocons de céréales. Mettez à four chaud environ 40 min. en baissant la température à 210° (th. 7) les 10 dernières minutes. Laissez refroidir sur une grille.

Ingrédients
(pour 1 pain)

- ✓ *200 g de farine de blé ordinaire tamisée*
- ✓ *150 g de farine de farine de blé complet tamisée*
- ✓ *100 g de flocons de céréales (avoine, orge ou millet)*
- ✓ *18 g de levure fraîche de boulanger*
- ✓ *18 cl d'eau tiède (environ 30°)*
- ✓ *1,5 cuillère à café de sel fin*
- ✓ *1 cuillère à soupe d'huile*

› VARIATION

Vous pouvez enrichir votre pain aux céréales de 20 g de graines de tournesol ou de 20 g de graines de sésame, ou encore de 30 g de noix ou de noisettes hachées. Un mélange de raisins secs et d'abricots secs découpés en petits dés peut très bien se marier avec les saveurs de céréales et feront de votre pain une véritable mine de fibres et de vitamines!

› DÉGUSTATION

Le pain aux céréales est idéal pour confectionner de belles tartines. Garnissez-les d'une tranche de jambon de pays et d'un peu de moutarde pour faire un délicieux sandwich ou couvrez-les de fines tranches de blancs de volailles cuits et de fromage blanc parfumé aux herbes. Ce pain très énergétique est aussi parfait au petit déjeuner avec du beurre et des confitures.

Préparation : 15 minutes | *Repos : aucun* | *Cuisson : 45 minutes* | *Réalisation : facile* | *Coût : assez cher*

Le pain *à la bière*

Venue du fond des âges, cette recette nous apprend la façon dont nos ancêtres les Gaulois faisaient leur pain. Pour cela, ils utilisaient leur célèbre cervoise — bière à base d'orge — comme levain. La bière ici ne joue pas ce rôle, mais contribue à la légèreté de la pâte en lui apportant un arôme particulier, relevé par la douceur du miel.

1 Préparation. Préchauffez le four à 180° (th. 6), car la recette doit être exécutée rapidement. Préparez tous les ingrédients de façon à les avoir à portée de main.

2 Mélange. Dans un grand saladier, mettez les 450 g de farine complète, le sachet de levure et la cuillère à café de sel. Mélangez les éléments. Incorporez 1 cuillère à café de miel et les 33 cl de bière en les versant progressivement.

3 Pétrissage. Pétrissez pendant 10 min. de façon à obtenir une pâte épaisse.

4 Fermentation. Cette pâte n'a pas besoin de temps de repos ou de fermentation. Beurrez un moule à cake et mettez la pâte.

5 Cuisson. Faites cuire pendant 45 min. environ, en surveillant la fin de cuisson. Le pain doit être doré. Enfoncez la lame d'un couteau dans le pain, elle ressortira sèche quand il est cuit. Démoulez et laissez refroidir sur une grille.

Ingrédients
(pour 1 pain)

- ✓ *450 g de farine complète tamisée*
- ✓ *1 sachet de levure chimique*
- ✓ *1 cuillère à café de sel*
- ✓ *33 cl de bière blonde*
- ✓ *1 cuillère à café de miel liquide*
- ✓ *15 g de beurre pour le moule*

Ustensile
- ✓ *un moule à cake*

› DÉGUSTATION

Ce pain est rapide à réaliser, car il ne nécessite pas de temps de repos. Aussitôt fait, aussitôt prêt, il peut se consommer presque immédiatement, juste après avoir refroidi. Mais, il sera également délicieux grillé, le lendemain. Étant donné sa consistance rustique et son petit goût sucré, il sera apprécié avec des fromages à pâte pressée non cuite et à la saveur prononcée comme le saint-nectaire ou le vacherin.

› VARIATION

Vous pouvez remplacer la farine complète par de la farine de blé ordinaire ou, encore, faire un mélange avec moitié de farine complète et moitié de farine ordinaire. En variant les farines, vous obtiendrez une texture et un goût différents. Essayez donc de trouver la recette qui vous convient le mieux, c'est-à-dire la plus adaptée à votre goût.

Préparation : 30 minutes | *Repos : 4 heures* | *Cuisson : 35 minutes* | *Réalisation : facile* | *Coût : bon marché*

La miche
rustique

Plateau de charcuterie de montagne ou fromages de terroir, cette miche aime les ambiances simples et décontractées. Vraiment très facile à confectionner, elle ne demande qu'un peu de patience et d'attention.

1 Préparation. Émiettez les 10 g de levure dans les 28 cl d'eau tiède.

2 Mélange. Mélangez dans un saladier les 250 g de farine de blé et les 200 g de farine de seigle. Ajoutez la levure délayée. Mélangez bien. Versez les 2 cuillères à café de sel. Pétrissez la pâte avec les mains pendant 10 à 15 min. environ.

Ingrédients
(pour 1 pain)

- ✓ *250 g de farine de blé ordinaire tamisée*
- ✓ *200 g de farine de seigle*
- ✓ *10 g de levure fraîche de boulanger*
- ✓ *28 cl d'eau tiède (environ 25°)*
- ✓ *2 cuillères à café de sel fin*

3 Temps de repos. Déposez la pâte dans un plat creux, couvrez d'un linge et laissez reposer 2 h dans un endroit chaud à l'abri des courants d'air. La pâte gonflera doucement.

4 Façonnage. Déposez la pâte sur un plan de travail fariné et rompez-la plusieurs fois avec les mains.

›ASTUCE

Pour inciser le dessus de votre pain, utilisez de préférence une lame de cutter ou de rasoir bien tranchante. Pour contrôler votre coupe, incisez la pâte en tirant la lame vers vous : cela donnera une incision régulière et aidera le pain à gonfler encore à la cuisson. Les incisions se font habituellement en diagonales superposées pour les baguettes ou en croix pour les pains ronds.

5 2e temps de repos. Formez une boule et déposez-la sur une plaque de four légèrement huilée et farinée. Couvrez d'un linge et laissez reposer dans un endroit chaud pendant deux heures. Après ce temps de repos préchauffez le four à 240° (th. 8).

6 Cuisson. Déposez un grand bol d'eau tiède dans le bas de votre four. Incisez le dessus du pain en forme de croix. Badigeonnez le dessus d'un peu d'eau. Mettez le pain à four chaud pendant 35 min. en baissant la température à 210° (th. 7) les 10 dernières minutes et laissez refroidir sur une grille.

Préparation : 35 minutes | *Repos : 4 heures* | *Cuisson : 15 minutes* | *Réalisation : facile* | *Coût : bon marché*

La ficelle

Et si vous retrouviez le bonheur d'un vrai pain d'autrefois, léger, croustillant et d'une belle élégance rustique ? La célèbre ficelle est idéale pour le petit déjeuner ou les pauses gourmandes lors d'une longue promenade. Un pain qui sent bon les plaisirs buissonniers !

1 PRÉPARATION. Émiettez les 20 g de levure fraîche dans les 20 cl d'eau tiède.

2 PÉTRISSAGE. Versez les 250 g de farine ordinaire, les 150 g de farine complète, la levure délayée et la cuillère à soupe d'huile dans un saladier et mélangez bien. Ajoutez la 1,5 cuillère à café de sel. Pétrissez la pâte pendant 10 min.

Ingrédients
(pour 4 ficelles)

- ✓ *250 g de farine de blé ordinaire tamisée*
- ✓ *150 g de farine complète*
- ✓ *20 g de levure fraîche de boulanger*
- ✓ *20 cl d'eau tiède (environ 25°)*
- ✓ *1,5 cuillère à café de sel fin*
- ✓ *1 cuillère à soupe d'huile*

3 1ER TEMPS DE REPOS. Déposez la pâte dans un plat creux huilé, couvrez d'un linge et laissez reposer 3 h dans un endroit chaud à l'abri des courants d'air. La pâte gonflera doucement.

4 FAÇONNAGE. Travaillez la pâte 5 min. Divisez-la en 4 parts égales. Formez 4 longs et fins boudins.

›ASTUCE

Pour façonner facilement vos ficelles, allongez la pâte sans trop l'étirer, quitte à procéder en 2 ou 3 fois en laissant un petit temps de détente pour éviter de déchirer le pâton. Pensez à laisser un espace suffisant, d'environ 8 cm, entre les ficelles, lorsque vous les déposerez sur la plaque farinée.

5 2E TEMPS DE REPOS. Rangez les boudins sur une plaque de four farinée. Couvrez d'un linge et laissez reposer dans un endroit chaud pendant 1 h. Préchauffez le four à 240° (th. 8).

6 CUISSON. Déposez un bol d'eau tiède dans le bas de votre four. Badigeonnez d'un peu d'eau le dessus des baguettes. Mettez à four chaud environ 15 min. en baissant la température à 210° (th. 7) les 10 dernières minutes. Laissez refroidir sur une grille.

Préparation : 20 minutes | *Repos : 3 heures* | *Cuisson : 35 minutes* | *Réalisation : facile* | *Coût : bon marché*

La couronne

À la campagne, c'est le roi des pains. Avec sa belle forme de couronne, il égaiera votre table et étonnera vos convives. Un pain facile à confectionner et qui satisfera toutes les envies.

1 PRÉPARATION DE LA LEVURE. Versez les 28 cl d'eau tiède dans un bol et délayez les 12 g de levure fraîche.

2 PRÉPARATION DE LA PÂTE. Versez les 500 g de farine dans un saladier et ajoutez la levure délayée. Mélangez bien. Puis versez les 2 cuillères à café de sel.

Ingrédients
(pour 1 pain couronne)

- ✓ *500 g de farine de blé ordinaire tamisée*
- ✓ *12 g de levure fraîche de boulanger*
- ✓ *28 cl d'eau tiède (environ 25°)*
- ✓ *2 cuillères à café de sel fin*

3 PÉTRISSAGE. Pétrissez la pâte avec les mains pendant 10 min. Votre pâte doit former une boule lisse et homogène.

4 TEMPS DE REPOS. Déposez la pâte dans un plat creux, couvrez d'un linge et laissez reposer 1 h dans un endroit chaud à l'abri des courants d'air. La pâte gonflera doucement.

›ASTUCE

Pour que la pâte à pain ne colle pas aux mains, passez vos mains dans la farine. Vous pouvez, comme les boulangers professionnels, placer votre pâton dans une corbeille en osier en forme de couronne. Couvrez ensuite la corbeille d'un linge et laissez reposer dans un endroit chaud pendant 2 h. Retournez ensuite la corbeille sur une plaque de four farinée et faites cuire le pain.

5 FAÇONNAGE. Rompez la pâte plusieurs fois avec les mains. Façonnez 1 pain allongé d'environ 60 cm de long. Formez une couronne et soudez les deux extrémités. Rangez le pain sur une plaque de four farinée. Couvrez d'un linge et laissez reposer dans un endroit chaud pendant 2 h.

6 CUISSON. Préchauffez le four à 240° (th. 8). Mettez un grand bol d'eau tiède dans le bas du four. Badigeonnez le dessus de la couronne d'un peu d'eau. Mettez à four chaud environ 30 min. en baissant la température à 210° (th. 7) après 15 min. Laissez refroidir sur une grille.

Préparation : 20 minutes | Repos : 3 heures 30 | Cuisson : 40 minutes | Réalisation : facile | Coût : assez cher

Le pain
au sarrasin

Voici un pain rustique, pétri de caractère et qui fleure bon les auberges de campagne ou les soirées à la ferme. Son goût prononcé et très séduisant de sarrasin en fera un digne compagnon de table !

Ingrédients
(pour 1 pain)

- ✓ *350 g de farine de blé ordinaire tamisée*
- ✓ *100 g de farine de sarrasin*
- ✓ *15 g de levure fraîche de boulanger*
- ✓ *1 cuillère à soupe d'huile*
- ✓ *1 cuillère à soupe de sucre en poudre*
- ✓ *20 cl d'eau tiède*
- ✓ *2 cuillères à café de sel fin*

1 PRÉPARATION. Émiettez les 15 g de levure fraîche dans les 20 cl d'eau tiède. Versez dans un saladier les 350 g de farine de blé ordinaire et les 100 g de farine de sarrasin, la cuillère à soupe de sucre en poudre et mélangez.

2 MÉLANGE. Ajoutez la levure délayée, la cuillère à soupe d'huile, les 2 cuillères à café de sel et mélangez bien avec une cuillère. Pétrissez pendant 10 min. environ.

3 1ER TEMPS DE REPOS. Rabattez la pâte plusieurs fois et formez une boule lisse. Mettez-la dans un plat creux légèrement huilé. Couvrez d'un linge et laissez reposer environ 1 h 30 dans un endroit chaud à l'abri des courants d'air.

4 FAÇONNAGE. Fraisez la pâte plusieurs fois avec la paume de la main, puis redonnez-lui la forme d'une boule.

5 2E TEMPS DE REPOS. Posez la boule de pâte sur une plaque de four légèrement farinée. Couvrez d'un linge et laissez reposer environ 2 heures.

6 CUISSON. Préchauffez le four à 240° (th. 8). Placez un bol d'eau dans le bas du four. Incisez le dessus du pain en forme de croix. Mettez à cuire 40 min. en baissant la température à 210° (th. 7) les 10 dernières minutes. Laissez refroidir sur une grille.

› LE SAVIEZ-VOUS ?

Le grain de sarrasin offre de multiples possibilités d'accommodements culinaires : soupes, bouillies… C'est une excellente source de vitamine B et d'oligoéléments importants pour l'organisme. La farine de sarrasin ayant tendance à rancir facilement à l'air, il est recommandé de la conserver dans un endroit frais.

Préparation : 25 minutes | Repos : 3 heures | Cuisson : 40 minutes | Réalisation : assez facile | Coût : bon marché

Le pain *tressé*

Rien de mieux qu'un beau pain tressé à la main pour donner de l'élégance et de la convivialité à votre table. Croustillant, succulent, il ira à merveille avec une bonne charcuterie artisanale.

1 Préparation. Émiettez les 18 g de levure dans les 20 cl d'eau.

2 Mélange. Versez les 400 g de farine dans un saladier et la levure délayée et mélangez. Ajoutez les 2 cuillères à soupe d'huile d'olive et les 2 cuillères à café de sel.

Ingrédients
(pour 1 pain)

- ✓ *400 g de farine de blé ordinaire tamisée*
- ✓ *18 g de levure fraîche de boulanger*
- ✓ *20 cl d'eau tiède*
- ✓ *2 cuillères à soupe d'huile d'olive + 2 cuillères à soupe*
- ✓ *2 cuillères à café de sel*

3 Pétrissage. Pétrissez la pâte environ 8 à 10 min.

4 Temps de repos. Formez une boule de pâte, mettez-la dans un plat creux huilé. Couvrez d'un linge et laissez reposer 1 h 30 dans un endroit chaud.

›ASTUCE

Pour donner un bel aspect à votre pain tressé, rabattez légèrement les deux extrémités. D'autre part, vous pouvez aussi dorer votre pain en le badigeonnant juste avant la mise au four d'un peu de jaune d'œuf battu mélangé à 1 cuillère à soupe d'eau. C'est du plus bel effet !

5 Façonnage. Travaillez la pâte et formez 3 boudins. Placez-les sur une plaque de four légèrement huilée. Réunissez-les par une extrémité en les pinçant avec les doigts et formez une tresse. Pincez l'autre extrémité. Couvrez d'un linge et laissez reposer 1 h 30 dans un endroit chaud.

6 Cuisson. Préchauffez le four à 240° (th. 8). Placez un bol d'eau dans le bas du four. Badigeonnez le pain d'huile d'olive. Mettez à cuire environ 40 min., en baissant la température à 210° (th. 7) les 10 dernières minutes. Laissez refroidir sur une grille.

Les pains spéciaux

Préparation : 35 minutes | Repos : 3 heures | Cuisson : 1 heure | Réalisation : assez facile | Coût : bon marché

Le pain *au citron*

Essayez ce remarquable pain fraîcheur délicieusement parfumé au citron. Un pain d'exception qui mettra magnifiquement en valeur une dégustation de fruits de mer et créera une ambiance raffinée dont vos convives se souviendront longtemps !

1 **PRÉPARATION DU CITRON.** Rincez le citron brossez-le et râpez finement le zeste. Pressez ensuite le jus.

2 **PRÉPARATION DE LA PÂTE.** Émiettez les 14 g de levure fraîche dans 20 cl d'eau tiède. Versez dans un bol les 400 g de farine, la levure délayée. Mélangez bien. Ajoutez les 2 cuillères à soupe d'huile d'olive, la cuilère à café et demie de sel, le zeste et le jus du citron. Pétrissez pendant 10 min.

Ingrédients
(pour 1 pain)

- ✓ *400 g de farine de blé ordinaire tamisée*
- ✓ *14 g de levure fraîche de boulanger*
- ✓ *20 cl d'eau tiède (environ 25°)*
- ✓ *1 citron non traité*
- ✓ *2 cuillères à soupe d'huile d'olive*
- ✓ *1,5 cuillère à café de sel fin*

3 **1ER TEMPS DE REPOS.** Déposez la pâte dans un plat creux, couvrez d'un linge et laissez reposer 1 h dans un endroit chaud à l'abri des courants d'air. La pâte gonflera doucement.

4 **FAÇONNAGE.** Formez un pain de forme allongée et déposez-le sur une plaque de four farinée.

›ASTUCE

Veillez à utiliser un saladier suffisamment large pour mélanger la farine et les autres produits. Il est important de respecter le temps de fermentation de votre pâte : c'est ce qui donne au pain sa mie moelleuse et aérée. Vous pouvez mettre le pain à cuire si, après avoir appuyé légèrement sur le dessus, la pâte reprend sa forme.

5 **2E TEMPS DE REPOS.** Couvrez d'un linge et laissez reposer dans un endroit chaud pendant deux heures. Après ce temps de repos, préchauffez le four à 240° (th. 8).

6 **CUISSON.** Déposez un grand bol d'eau tiède dans le bas de votre four. Badigeonnez le dessus du pain d'un peu d'eau. Mettez le pain à four chaud pendant environ 35 min. en baissant la température à 210° (th. 7) les 10 dernières minutes. Laissez refroidir sur une grille.

Le pain
au porto

Jouez l'originalité et le raffinement ! Régalez vos invités avec ce pain aux riches saveurs de seigle, de raisins, de muscade et de porto qui mettra en valeur un beau plateau de fromages. Un pain à savourer avec un verre de porto blanco…

1 PRÉPARATION. Émiettez les 12 g de levure dans les 15 cl d'eau tiède.

2 MÉLANGE. Versez les 230 g de farine de blé et les 120 g de farine de seigle dans un saladier. Ajoutez la cuillère à soupe de sucre cassonade, les 2 pincées de muscade et mélangez. Incorporez la levure délayée, le porto et les 2, 5 cuillères à café de sel. Pétrissez la pâte environ 8 à 10 min.

3 TEMPS DE REPOS. Formez une boule de pâte, mettez-la dans un plat creux huilé. Couvrez d'un linge et laissez reposer dans un endroit chaud environ 1 h.

4 FINITION. Travaillez la pâte quelques instants, puis incorporez les 80 g de raisins secs et le zeste d'orange râpé. Formez un long boudin de pâte et placez-le dans le moule légèrement huilé. Couvrez d'un linge et laissez reposer dans un endroit chaud environ 2 h.

5 CUISSON. Préchauffez le four à 240° (th. 8). Badigeonnez le dessus du pain d'un peu d'eau. Mettez à cuire environ 35 min., en baissant la température à 210° (th. 7) les 10 dernières minutes. Laissez refroidir sur une grille.

Ingrédients
(pour 1 pain)

- ✓ *230 g de farine de blé ordinaire tamisée*
- ✓ *120 g de farine de seigle tamisée*
- ✓ *12 g de levure fraîche de boulanger*
- ✓ *15 cl d'eau tiède*
- ✓ *6 cl de porto*
- ✓ *80 g de raisins secs*
- ✓ *1 cuillère à soupe de sucre cassonade en poudre*
- ✓ *le zeste râpé d'une orange non traitée*
- ✓ *2,5 cuillères à café de sel*
- ✓ *2 pincées de noix de muscade finement râpée*
- ✓ *huile de tournesol*

Ustensile

- ✓ *un moule à cake*

›ASTUCE

Pour les pains contenant de l'eau de vie ou de l'alcool, veillez à incorporer ces boissons fortes dans la pâte lorsqu'elles sont à température ambiante. Pétrissez longtemps et surveillez bien la cuisson. Le four doit être bien chaud. Pour éviter que la pâte ne se dessèche en cours de cuisson, n'oubliez pas de placer un récipient avec de l'eau dans le bas de votre four.

›VARIATION

Vous pouvez incorporer deux cuillères à soupe de cerneaux de noix hachés à votre pâte, et aussi parsemer le dessus du pain de deux cuillères à soupe de noisettes hachées juste avant de le passer au four : cela lui apportera un petit croustillant très appréciable. Pour obtenir encore plus de moelleux, préparez un mélange moitié lait et moitié eau.

Préparation : 20 minutes | Repos : 1 heure 15 | Cuisson : 30 minutes | Réalisation : facile | Coût : bon marché

Le pain
aux figues

Confectionnez cet étonnant pain aux figues aux saveurs délicates. Riche en fibres et en sels minéraux, il se distingue par ses qualités hautement nutritives. Servi en tranches légèrement toastées, accompagné d'une fine couche de foie gras ou de fromage et d'un verre de vin doux bien frais, il ravira vos convives…

1 Le levain. Dans un bol, à l'aide d'un fouet à main, battez les 25 g levure et les 25 g de farine de soja avec les 50 cl d'eau tiède. Laissez reposer dans un endroit chaud pendant 5 min., jusqu'à ce que le mélange mousse.

2 Préparation de la pâte. Dans un grand saladier, mélangez à l'aide d'une cuillère en bois 350 g de farine complète, la cuillère à café de sel, ajoutez le levain, les 200 g de figues coupées en gros morceaux, puis les 350 g de farine restante, mélangez bien.

Ingrédients
(pour 6 pains)

Pour le levain :

- ✓ 25 g de levure fraîche de boulanger
- ✓ 25 g de farine de soja
- ✓ 50 cl d'eau tiède

Pour la pâte à pain :

- ✓ 700 g de farine de blé complète
- ✓ 1 cuillère à café de sel
- ✓ 200 g de figues séchées
- ✓ 50 g de farine pour le plan de travail
- ✓ 1 cuillère à soupe d'huile

3 1er pétrissage. Placez la pâte sur le plan de travail légèrement fariné et pétrissez vigoureusement, jusqu'à ce qu'elle soit lisse et veloutée au toucher. Formez une boule, déposez-la dans le saladier et recouvrez d'un torchon. Laissez au chaud reposer une heure.

4 2e pétrissage. Remettez la pâte sur le plan de travail fariné et pétrissez-la de nouveau pendant 3 min. Divisez votre pâte en 6 petites boules. Préchauffez le four à 220° (th. 7).

›ASTUCE

Une fois cuit, le pain doit sonner creux quand on tapote le dessous. Si ce n'est pas le cas, prolongez la cuisson de quelques minutes. Si vous voulez bénéficier au mieux des qualités nutritives du blé complet, choisissez de préférence une farine biologique, certifiée AB, qui garantit une production sans engrais chimiques.

5 Huilage. Huilez généreusement la plaque du four à l'aide d'un pinceau à pâtisserie trempé dans la cuillère à soupe d'huile.

6 Cuisson. Disposez sur la plaque les 6 boules de pâte à pain en prenant soin de garder un espace entre chacune. Laissez reposer 10 min. avant d'enfourner et cuisez pendant 30 min. Laissez refroidir un peu avant de les servir.

Préparation : 35 minutes | *Repos : 3 heures* | *Cuisson : 35 minutes* | *Réalisation : facile* | *Coût : bon marché*

Le pain
aux noisettes

En quête de nouvelles saveurs ? Essayez ce délicieux pain aux noisettes. Une façon originale et savoureuse de faire le plein d'énergie dès le petit déjeuner. De quoi étonner et ravir tous vos proches !

1 PRÉPARATION. Décortiquez les 40 g de noisettes et déposez-les dans le bol de votre robot. Hachez-les grossièrement. Émiettez les 12 g de levure fraîche dans les 18 cl d'eau tiède.

2 PÉTRISSAGE. Versez dans un saladier les 400 g de farine de blé et la levure délayée. Mélangez bien. Versez les noisettes hachées et les 2 cuillères à café de sel. Ajoutez les 5 cl d'huile. Pétrissez pendant 10 min. environ.

Ingrédients
(pour 1 pain)

- ✓ *400 g de farine de blé ordinaire tamisée*
- ✓ *40 g de noisettes*
- ✓ *12 g de levure fraîche de boulanger*
- ✓ *18 cl d'eau tiède (environ 25°)*
- ✓ *5 cl d'huile de noisette*
- ✓ *2 cuillères à café de sel fin*

3 1ER TEMPS DE REPOS. Formez une boule de pâte et déposez-la dans un plat creux. Couvrez d'un linge et laissez reposer 1 h dans un endroit chaud à l'abri des courants d'air. La pâte gonflera doucement.

4 FAÇONNAGE. Déposez la pâte sur un plan de travail fariné et travaillez-la quelques instants. Donnez-lui la forme d'un pain allongé.

›ASTUCE

Pour façonner votre pain, retournez la pâte sur le plan de travail et aplatissez-la avec les mains. Pliez ensuite la pâte sur elle-même et soudez les bouts joints. Allongez la pâte pour lui donner la forme d'un pain long. Pour le 2e temps de repos, veillez à placer le pain côté soudé en dessous.

5 2E TEMPS DE REPOS. Déposez le pain sur une plaque de four légèrement huilée et farinée. Couvrez d'un linge et laissez reposer dans un endroit chaud pendant 2 h. Préchauffez le four à 240° (th. 8).

6 CUISSON. Déposez un grand bol d'eau tiède dans le bas de votre four. Incisez légèrement le dessus du pain. Mettez à four chaud pendant environ 35 min. en baissant la température à 210° (th. 7) les 10 dernières minutes. Laissez refroidir sur une grille.

Préparation : 15 minutes | Repos : 2 heures 15 | Cuisson : 45 minutes | Réalisation : facile | Coût : bon marché

Le pain aux noix *et au miel*

Ce pain aux noix et au miel est un robuste pain campagnard qui saura trouver sa place à la table de tous les jours. Idéal avec les fromages ou les charcuteries, il s'associe aussi particulièrement bien avec les plats lentement mijotés... Alors, essayez-le vite !

1 PRÉPARATION. Émiettez les 12 g de levure fraîche dans un bol, versez les 20 cl d'eau tiède et mélangez bien avec une spatule. Concassez grossièrement les cerneaux de noix.

2 MÉLANGE. Versez dans un saladier les 350 g de farine de blé et les 2 cuillères à café et demie de sel ; mélangez. Incorporez ensuite la levure délayée et les 2 cuillères à café de miel. Mélangez jusqu'à obtenir une pâte homogène. Incorporez les cerneaux de noix concassés.

3 PÉTRISSAGE. Travaillez la pâte avec les mains pendant une douzaine de minutes. Ajoutez éventuellement un peu de farine ou d'eau pour obtenir une consistance souple et élastique.

4 1ER TEMPS DE REPOS. Déposez la pâte dans un saladier légèrement huilé. Couvrez d'un linge. Laissez gonfler environ 45 min. dans un endroit chaud et à l'abri des courants d'air.

5 FAÇONNAGE. Rompez la pâte plusieurs fois avec les mains. Formez une boule allongée et déposez-la ensuite sur une plaque de four légèrement huilée. Couvrez d'un linge et laissez gonfler dans un endroit chaud environ 1 h 30.

6 CUISSON. Préchauffez le four à 240° (th. 8). Placez un bol d'eau tiède dans le bas de votre four. Badigeonnez le dessus du pain d'un peu d'eau. Mettez à cuire environ 45 min. en baissant la température à 210° (th. 7) les 15 dernières minutes.

Ingrédients
(pour 1 pain)

- ✓ *350 g de farine de blé ordinaire tamisée*
- ✓ *70 g de cerneaux de noix*
- ✓ *12 g de levure fraîche de boulanger*
- ✓ *20 cl d'eau tiède*
- ✓ *2,5 cuillères à café de sel*
- ✓ *2 cuillères à café de miel liquide*

›ASTUCE

Vous pouvez aussi préparer votre pâte avec un levain déshydraté. Comptez environ 20 g de levain pour 500 g de farine. Après avoir pétri environ 15 min. en ajoutant l'eau et le sel, vous laisserez la pâte lever doucement durant 1 h. Le deuxième temps de repos sera de 45 min. Ensuite vous ferez cuire votre pain comme indiqué.

Préparation : 25 minutes | Repos : 3 heures 30 | Cuisson : 35 minutes | Réalisation : facile | Coût : bon marché

Le pain
aux quatre épices

Confectionnez ce pain chaleureux et authentique qui ravira les gourmets. Vous l'apprécierez tel quel ou bien légèrement toasté et servi tiède. Une bonne odeur d'épices chaudes va parfumer la maison.

1 PRÉPARATION. Émiettez les 10 g de levure fraîche dans 10 cl d'eau tiède dans un bol. Versez les 200 g de farine de blé et les 120 g de farine de seigle avec la 1,5 cuillère à café de sel dans un saladier. Mélangez et ajoutez la levure délayée et le reste d'eau.

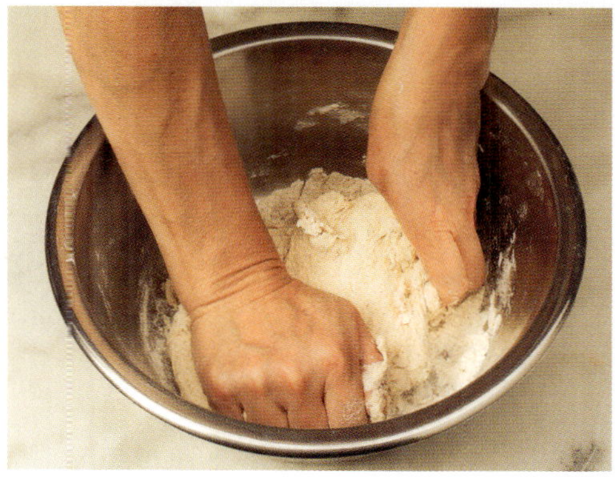

2 PÉTRISSAGE. Pétrissez la pâte avec les mains pendant 8 min. Ajoutez la pincée de noix de muscade râpée, la pincée de poivre moulu, la pincée de cannelle en poudre, et la pincée de clous de girofle finement broyés. La pâte doit former une boule élastique et homogène sans coller aux doigts.

Ingrédients
(pour 1 pain)

- ✓ *200 g de farine de blé ordinaire tamisée*
- ✓ *120 g de farine de seigle tamisée*
- ✓ *10 g de levure fraîche de boulanger*
- ✓ *18 cl d'eau tiède (environ 25°)*
- ✓ *1,5 cuillère à café de sel fin*
- ✓ *1 pincée de noix de muscade râpée*
- ✓ *1 pincée de poivre moulu*
- ✓ *1 pincée de cannelle en poudre*
- ✓ *1 pincée de clous de girofle finement broyés*

3 Iᴱᴿ TEMPS DE REPOS. Mettez la pâte dans un plat creux huilé, couvrez d'un linge et laissez reposer 1 h 30 dans un endroit chaud à l'abri des courants d'air. La pâte gonflera peu à peu.

4 FAÇONNAGE. Déposez la pâte sur un plan de travail fariné et rompez-la plusieurs fois avec les mains. Façonnez un pain rond.

›ASTUCE

Le quatre-épices est une plante dont les graines ont la même saveur qu'un mélange poivre-muscade-girofle-cannelle. Vous pouvez préparer vous-même ce mélange ou bien l'acheter tout fait dans le commerce. Le quatre-épices est aussi utilisé pour relever les ragoûts de viande et pour parfumer les terrines et les pâtés.

5 2ᴱ TEMPS DE REPOS. Posez le pain sur une plaque de four farinée. Couvrez d'un linge et laissez reposer dans un endroit chaud pendant 2 h.

6 FINITION. Préchauffez le four à 240° (th. 8). Placez un plat à gratin rempli d'eau tiède dans le bas du four. Badigeonnez le pain d'eau. Mettez à cuire 35 min. en baissant la température à 210° (th. 7) les 10 dernières minutes. Laissez refroidir sur une grille.

Préparation : 35 minutes	Repos : 2 heures 15	Cuisson : 25 minutes	Réalisation : facile	Coût : bon marché

Le pain bio
au cumin

Le cumin relève le goût du pain d'une saveur légèrement piquante. De plus, il est connu depuis longtemps pour ses vertus digestives et stimulantes. Autant de bonnes raisons pour préparer ce pain très nature qui étonnera vos invités !

1 Préparation. Versez les 18 cl d'eau tiède dans un bol et délayez les 12 g de levure fraîche. Versez les 200 g de farine bio ordinaire et les 150 g de farine bio complète dans un saladier, ajoutez la levure délayée. Mélangez bien.

2 Pétrissage. Versez la cuillère. et demie à café de sel. Pétrissez la pâte avec les mains pendant 5 min. Versez les 2 cuillères à café de cumin. Continuez à pétrir pendant encore 5 min. Votre pâte doit former une boule lisse et homogène.

3 Temps de repos. Déposez la pâte dans un plat creux, couvrez d'un linge et laissez reposer 45 min. dans un endroit chaud à l'abri des courants d'air. La pâte va doucement gonfler.

4 Façonnage. Déposez la pâte sur un plan de travail fariné et rompez-la plusieurs fois avec les mains. Façonnez avec vos mains farinées 2 pains ronds. Rangez-les sur une plaque de four farinée. Couvrez d'un linge et laissez reposer dans un endroit chaud pendant une heure et demie.

5 Cuisson . Préchauffez le four à 240° (th. 8). Déposez un plat rempli d'eau tiède dans votre four. Badigeonnez les pains d'un peu d'eau. Mettez à four chaud environ 25 min. en baissant la température à 210° (th. 7) les 10 dernières minutes. Laissez refroidir sur une grille.

Ingrédients
(pour 2 pains)

- ✓ *200 g de farine de blé bio ordinaire tamisée*
- ✓ *150 g de farine de blé bio complète tamisée*
- ✓ *2 cuillères à café de cumin*
- ✓ *12 g de levure fraîche de boulanger*
- ✓ *18 cl d'eau tiède (environ 25°)*
- ✓ *1,5 cuillère à café de sel fin*

› DÉGUSTATION

Délicieux avec un bon munster ou avec un fromage de comté affiné, le pain bio au cumin est aussi le partenaire idéal pour une vraie choucroute alsacienne. Son petit goût piquant relèvera avec bonheur les saveurs de vos charcuteries. Vous pouvez aussi le réserver pour vos pique-niques ou pour confectionner des bouchées et des toasts à l'apéritif.

› LE SAVIEZ-VOUS ?

Si vous souhaitez manger « bio », choisissez une farine biologique, certifiée AB. Elle est exempte de produits chimiques de synthèse, pesticides et autres engrais chimiques. Les meilleures sont broyées à la meule de pierre, comme autrefois. Elles apportent à vos pains un maximum de matières minérales et de vitamines et, en outre, elles ont un goût inimitable.

Préparation : 20 minutes | *Repos : 4 heures* | *Cuisson : 35 minutes* | *Réalisation : facile* | *Coût : bon marché*

Le pain complet *aux fruits secs*

Noix, raisins, noisettes… Voici un pain bourré d'énergie qui conviendra merveilleusement pour un repas d'hiver. Prévoyez un bon plat mijoté ou un plat au four pour l'accompagner.

1 PRÉPARATION DE LA LEVURE. Émiettez les 12 g de levure fraîche dans les 20 cl d'eau tiède.

2 MÉLANGE. Versez dans un saladier les 300 g de farine de blé ordinaire et les 100 g de farine complète, les 2 pincées de quatre-épices et mélangez. Ajoutez la levure délayée, la cuillère à soupe d'huile, les 2 cuillères à café de sel et mélangez bien. Pétrissez pendant 10 min. environ.

Ingrédients
(pour 1 pain)

- ✓ *300 g de farine de blé ordinaire tamisée*
- ✓ *100 g de farine complète*
- ✓ *12 g de levure fraîche de boulanger*
- ✓ *1 cuillère à soupe d'huile*
- ✓ *20 cl d'eau tiède*
- ✓ *20 g de noix hachées*
- ✓ *20 g de raisins secs*
- ✓ *20 g de noisettes hachées*
- ✓ *2 pincées de quatre-épices*
- ✓ *2 cuillères à café de sel fin*

3 1er TEMPS DE REPOS. Formez une boule de pâte et mettez-la dans un plat creux légèrement huilé. Couvrez d'un linge et laissez reposer environ 2 h dans un endroit chaud à l'abri des courants d'air.

4 AJOUT DES FRUITS. Pliez la pâte plusieurs fois, puis incorporez les 20 g de noix hachées, les 20 g de noisettes hachées et les 20 g de raisins secs.

›ASTUCE

Vous pouvez renforcer le goût de votre pain avec une cuillère à soupe d'huile de noix en remplacement de l'huile de tournesol. Si vous n'avez pas de quatre-épices, vous pouvez ajouter 2 pincées de cannelle en poudre et 2 pincées de muscade en poudre dans votre pâte. Les saveurs douces du poivre de Cayenne iront aussi très bien.

5 2e TEMPS DE REPOS. Formez une boule, allongez-la un peu et posez-la sur une plaque de four légèrement farinée. Couvrez le pâton d'un linge et laissez reposer dans un endroit chaud environ 2 h.

6 CUISSON. Préchauffez le four à 240° (th. 8). Placez un bol d'eau dans le bas du four. Incisez le dessus du pain en forme de croix. Saupoudrez de farine et mettez à cuire 35 min. en baissant la température à 210° (th. 7) les 10 dernières minutes. Laissez refroidir sur une grille.

Préparation : 10 minutes | Repos : aucun | Cuisson : 45 minutes | Réalisation : facile | Coût : bon marché

Le pain
de maïs

Variez les céréales et essayez le pain de maïs ! Un pain goûteux et très digeste dont la saveur douce accompagne parfaitement une volaille rôtie au four ou un plat en sauce un peu épicé. Vous pouvez aussi le déguster en tranches avec un peu de beurre frais. Un pain d'une belle couleur dorée qui mettra de la chaleur sur votre table !

1 PRÉPARATION. Préchauffez le four à 200° (th. 6-7). Versez dans un saladier les 150 g de farine de maïs. Ajoutez les 150 g de farine de blé et le 1/2 sachet de levure.

2 PÉTRISSAGE. Ajoutez la cuillère à soupe de sucre et la 1/2 cuillère à café de sel. Mélangez bien.

3 MÉLANGE. Cassez les 2 œufs dans un deuxième saladier et battez-les avec une fourchette puis versez les 20 cl de crème et les 10 cl de lait. Mélangez le tout.

4 INCORPORATION. Versez ce mélange crémeux dans le saladier qui contient la farine et mélangez bien. Beurrez un moule à cake, farinez-le légèrement.

5 CUISSON. Versez la préparation. Mettez à four chaud pendant environ 45 min. Si le dessus noircit légèrement, étalez une feuille de papier aluminium et baissez la chaleur du four à 180° (th. 6). Laissez tiédir 5 min. avant de démouler. Servez aussitôt le pain découpé en tranches.

Ingrédients
(pour 1 pain)

- ✓ *150 g de farine de maïs tamisée*
- ✓ *150 g de farine de blé tamisée*
- ✓ *10 cl de lait*
- ✓ *20 cl de crème épaisse ou de fromage blanc lisse*
- ✓ *2 œufs*
- ✓ *1/2 sachet de levure chimique*
- ✓ *1/2 cuillère à café de sel fin*
- ✓ *1/2 cuillère à soupe de sucre en poudre*
- ✓ *20 g de beurre pour le moule*

Ustensile

- ✓ *un moule à cake*

› ASTUCE

Si vous n'avez pas de moule à cake disponible, vous pouvez faire cuire votre pain de maïs dans un moule carré d'environ 20 cm de long, que vous aurez préalablement beurré. Vous le laisserez refroidir 10 min. à la sortie du four avant de le découper en carrés individuels et de le servir, chaud ou tiède, accompagné de beurre et de fromage.

› LE SAVIEZ-VOUS ?

Ce sont les Indiens d'Amérique qui ont fait découvrir le maïs aux émigrants européens. Et pendant longtemps, le pain de maïs a été le pain préféré des Américains. Il est de tous les repas de fête. On raconte que Georges Washington, le premier président des États-Unis, ne mangeait que du pain de maïs à sa table. Et, quand il recevait des invités de marque venus d'Europe, il se faisait un devoir de leur faire goûter ce fameux « pain de pionnier » !

Préparation : 25 minutes | *Repos : 2 heures* | *Cuisson : 35 minutes* | *Réalisation : facile* | *Coût : assez cher*

Le pain moutarde
et jambon

Voici un pain très nourrissant et haut en saveurs qui plaira aux amateurs. Vous pourrez le proposer avec une salade verte ou un plateau de charcuterie. Il est aussi très agréable pour les pique-niques !

1 PRÉPARATION. Émiettez les 15 g de levure dans les 18 cl d'eau tiède.

2 MÉLANGE. Versez les 350 g de farine de blé ordinaire et les 100 g de farine semi-complète dans un saladier. Ajoutez la levure délayée, le sel et les 5 cl d'huile d'olive. Pétrissez la pâte 8 à 10 min. Ajoutez si nécessaire un peu de farine ou d'eau.

Ingrédients
(pour 1 pain)

- ✓ *350 g de farine de blé ordinaire tamisée*
- ✓ *100 g de farine de blé semi-complète*
- ✓ *18 cl d'eau tiède*
- ✓ *15 g de levure fraîche*
- ✓ *5 cl d'huile d'olive*
- ✓ *2 cuillères à soupe de moutarde en grains*
- ✓ *2 tranches de jambon cuit taillé épais*
- ✓ *une pincée de sel fin*

3 1er TEMPS DE REPOS. Formez une boule de pâte, mettez-la dans un plat creux huilé. Couvrez d'un linge et laissez reposer environ 1 h dans un endroit chaud à l'abri des courants d'air.

4 INCORPORATION. Découpez les 2 tranches de jambon en petits dés. Incorporez les dés de jambon et les 2 cuillères à soupe de moutarde dans la pâte. Travaillez la pâte encore 5 min., puis formez un pain allongé.

›ASTUCE

Vous pouvez confectionner la même recette en faisant cuire votre pâte à pain dans un moule en terre cuite. Dans ce cas, prolongez le temps de cuisson de votre pain d'une dizaine de minutes. Laissez ensuite tiédir, puis démoulez le pain et laissez refroidir sur une grille.

5 2e TEMPS DE REPOS. Placez le pâton sur une plaque de four légèrement farinée. Couvrez d'un linge et laissez reposer environ 1 h dans un endroit chaud. Préchauffez le four à 240° (th. 8).

6 CUISSON. Posez un bol d'eau dans le bas du four. Incisez légèrement le dessus du pain en croisillons. Badigeonnez d'un peu d'eau et mettez à cuire environ 35 min., en baissant la température à 210° (th. 7) les 10 dernières minutes. Laissez refroidir sur une grille.

Préparation : 35 minutes | Repos : 2 heures 30 | Cuisson : 35 minutes | Réalisation : assez facile | Coût : assez cher

Le pain *natté*

Ce pain, enrichi de sésame et de graines de tournesol, est une petite merveille à découvrir sans tarder. Il sera parfait avec une assiette de crudités ou un poisson à la vapeur. Vous pouvez même le proposer toasté avec une charcuterie de montagne.

1 PRÉPARATION. Émiettez les 20 g de levure dans les 15 cl d'eau tiède. Rincez et brossez le citron. Essuyez-le et râpez finement le zeste.

2 MÉLANGE. Versez les 350 g de farine de blé dans un saladier. Ajoutez la levure délayée, les 3 cl d'huile, les 2 cuillères à café de sel et le zeste de citron finement râpé. Mélangez.

Ingrédients
(pour 1 pain)

- ✓ *350 g de farine de blé ordinaire tamisée*
- ✓ *20 g de levure fraîche de boulanger*
- ✓ *15 cl d'eau tiède*
- ✓ *3 cl d'huile de tournesol*
- ✓ *2 cuillères à café de sel*
- ✓ *1 citron non traité*
- ✓ *3 cuillères à soupe de sésame*
- ✓ *2 cuillères à soupe de graines de tournesol*

3 TEMPS DE REPOS. Pétrissez la pâte 8 à 10 min. Formez une boule de pâte, mettez-la dans un plat creux huilé. Couvrez d'un linge et laissez reposer au chaud environ 1 h.

4 FAÇONNAGE. Façonnez un long boudin de pâte. Incisez-le en deux dans le sens de la longueur en laissant un bout de 2 à 3 cm. Nattez les deux parties. Placez le pain natté sur une plaque de four farinée. Couvrez d'un linge et laissez reposer au chaud environ 1 h 30.

›ASTUCE

Pour réaliser ce pain natté, travaillez surtout dans une pièce chaude et sans humidité. Pour inciser le boudin de pâte, vous pouvez utiliser un couteau à lame fine ou un cutter. Au moment de saupoudrer de graines de tournesol et de sésame, vous pouvez badigeonner avec un peu de lait ou un œuf battu. Cela donnera plus de croustillant et un joli côté doré à ce pain.

5 FINITION. Préchauffez le four à 240° (th. 8). Badigeonnez le pain d'un peu d'eau et saupoudrez-le des graines de tournesol et de sésame.

6 CUISSON. Mettez à cuire environ 35 min. Laissez refroidir sur une grille.

Préparation : 20 minutes | *Repos : 2 heures 30* | *Cuisson : 20 minutes* | *Réalisation : assez facile* | *Coût : bon marché*

Les miniflûtes
au sel de mer

Ces élégantes petites flûtes feront honneur à une table raffinée. D'apparence sophistiquée, mais faciles à confectionner, elles vous vaudront certainement de nombreux compliments – mérités, bien sûr !

Ingrédients
(pour environ 10 miniflûtes)

- ✓ *350 g de farine de blé ordinaire tamisée*
- ✓ *12 g de levure fraîche de boulanger*
- ✓ *12 cl d'eau tiède*
- ✓ *8 cl de lait tiède*
- ✓ *2 cuillères à café de sel fin*
- ✓ *1 cuillère à café de cumin en grains*
- ✓ *1 cuillère à soupe de gros sel*
- ✓ *1 jaune d'œuf*

1 **PRÉPARATION.** Émiettez les 12 g de levure dans les 12 cl d'eau tiède et les 8 cl de lait tiède.

2 **MÉLANGE.** Versez les 350 g de farine dans un saladier. Ajoutez la levure délayée et les 2 cuillères à café de sel. Mélangez. Pétrissez la pâte environ 10 min.

3 **1ER TEMPS DE REPOS.** Formez une boule de pâte, mettez-la dans un plat creux huilé. Couvrez d'un linge et laissez reposer environ 1 h dans un endroit chaud.

4 **FAÇONNAGE.** Étalez la pâte sur une épaisseur d'environ un demi-centimètre. Découpez des triangles de 20 cm de base sur 14 cm. Roulez chaque triangle de pâte sur lui-même en commençant par la partie large.

5 **2E TEMPS DE REPOS.** Placez les miniflûtes sur une plaque de four légèrement farinée. Couvrez d'un linge et laissez reposer environ 1 h 30 dans un endroit chaud.

6 **CUISSON.** Préchauffez le four à 240° (th. 8). Posez un bol d'eau dans le bas du four. Badigeonnez les flûtes d'un peu de jaune d'œuf battu. Saupoudrez de gros sel et de quelques grains de cumin. Mettez à cuire 20 min. Laissez refroidir sur une grille.

›ASTUCE

S'il vous reste des miniflûtes et qu'elles vous paraissent trop sèches, il vous suffira de les badigeonner d'un peu de lait en vous aidant d'un pinceau et de les passer 5 à 6 min. au four à 120° (th. 4). Si elles sont vraiment très sèches, trempez alors entièrement les flûtes dans un bol de lait froid avant de les passer au four.

Préparation : 35 minutes | *Repos : 3 heures 15* | *Cuisson : 45 minutes* | *Réalisation : facile* | *Coût : bon marché*

Les pains à *l'oignon*

Découvrez ces petits pains garnis d'oignon à la saveur légèrement sucrée. Ils seront des compagnons inattendus et très appréciés à votre table.

1 MÉLANGE. Versez les 18 cl d'eau tiède dans un bol et délayez les 12 g de levure fraîche. Versez les 350 g de farine dans un saladier et ajoutez la levure délayée. Mélangez bien.

2 TEMPS DE REPOS. Versez 1,5 cuillère à café de sel et 1 cuillère à soupe d'huile d'olive. Pétrissez la pâte avec les mains pendant 10 min. Votre pâte doit former une boule lisse. Déposez la pâte dans un plat creux, couvrez d'un linge et laissez reposer 45 min. dans un endroit chaud.

Ingrédients
(pour 2 pains)

- ✓ *350 g de farine de blé ordinaire tamisée*
- ✓ *1 gros oignon finement émincé*
- ✓ *12 g de levure fraîche de boulanger*
- ✓ *18 cl d'eau tiède (environ 30°)*
- ✓ *1,5 cuillère à café de sel fin*
- ✓ *2 cuillères à soupe d'huile d'olive*
- ✓ *1 œuf*

3 CUISSON DE L'OIGNON. Faites chauffer 1 cuillère à soupe d'huile d'olive dans une poêle et faites doucement revenir l'oignon finement émincé. Couvrez pour éviter qu'il ne noircisse. Puis ôtez du feu, égouttez l'oignon sur un papier absorbant et laissez refroidir.

4 INCORPORATION. Déposez la pâte sur un plan de travail fariné et rompez-la plusieurs fois avec les mains. Incorporez ensuite l'oignon émincé. Façonnez avec vos mains 2 pains. Rangez-les sur une plaque de four farinée. Couvrez d'un linge et laissez reposer dans un endroit chaud pendant deux heures et demie.

5 CUISSON. Préchauffez le four à 240° (th. 8). Badigeonnez le pain d'un peu d'œuf battu. Incisez le dessus en croix. Mettez à four chaud pendant environ 45 min. en baissant la température à 210° (th. 7) les 10 dernières minutes. Laissez refroidir sur une grille.

›ASTUCE

Vous pouvez aussi confectionner avec la même pâte une dizaine de petits pains aux oignons individuels. Ils seront parfaits pour un repas de fête. Lorsque vous les aurez façonnés, vous pourrez ranger les petits pains dans un grand moule à manqué dont vous aurez beurré le fond. Dans ce cas, pensez à réduire la cuisson de 10 min. environ. Veillez à ce qu'ils cuisent bien sur toutes les faces.

›DÉGUSTATION

Les pains aux oignons se dégustent de préférence le jour même. Ils sont délicieux avec un potage aux légumes, un plateau de fromages ou tout simplement en tranches badigeonnées d'un peu d'huile d'olive. Vous pouvez aussi les ouvrir comme un pain bagnat, verser un peu d'huile d'olive sur la mie et les garnir de fines tranches de fromages. Idéal pour un pique-nique ou pour une longue marche à pied.

Préparation : 20 minutes | *Repos : 1 heure 45* | *Cuisson : 20 minutes* | *Réalisation : assez facile* | *Coût : bon marché*

Les petits pains
au muesli

Quoi de mieux pour le petit déjeuner que ces petits pains enrichis de céréales et de fruits secs ? Une recette à proposer en priorité aux adolescents et aux enfants en pleine croissance. Ils pourront aussi les croquer à la récré !

1 PRÉPARATION. Émiettez les 20 g de levure dans 10 cl de lait tiède et la cuillère à soupe de miel.

2 MÉLANGE. Versez les 440 g de farine et la levure délayée dans un saladier. Ajoutez les 60 g de muesli, le reste de lait et les 12 cl d'eau tiède. Incorporez les 2 cuillères à café et demie de sel. Pétrissez la pâte quelques instants.

Ingrédients
(pour 10 petits pains)

- ✓ *440 g de farine de blé ordinaire tamisée*
- ✓ *60 g de muesli + 3 cuillères à soupe*
- ✓ *20 g de levure fraîche de boulanger*
- ✓ *1 cuillère à soupe de miel*
- ✓ *14 cl de lait tiède*
- ✓ *12 cl d'eau tiède*
- ✓ *2,5 cuillères à café de sel*

3 1ER TEMPS DE REPOS. Formez une boule de pâte. Mettez-la dans un plat creux huilé. Couvrez d'un linge et laissez reposer environ 1 h dans un endroit chaud.

4 FAÇONNAGE. Divisez la pâte en 10 parts égales. Rangez-les sur une plaque de four légèrement farinée.

›ASTUCE

Vous pouvez préparer votre pâte la veille et la mettre au réfrigérateur durant une nuit. Il vous suffira de façonner vos petits pains le lendemain matin, de les laisser reposer 45 min. et de les cuire pour les présenter à la table du petit déjeuner du week-end. Voilà qui impressionnera vos convives !

5 2E TEMPS DE REPOS. Couvrez d'un linge et laissez reposer environ 45 min. dans un endroit chaud à l'abri des courants d'air. Préchauffez le four à 240° (th. 8).

6 CUISSON. Placez un bol d'eau tiède dans le bas du four. Badigeonnez le dessus des pains avec un peu d'eau, puis saupoudrez de muesli. Mettez à cuire environ 20 min., en baissant la température à 210° (th. 7) les 10 dernières minutes. Laissez refroidir sur une grille.

Préparation : 25 minutes | *Repos : 3 heures* | *Cuisson : 20 minutes* | *Réalisation : facile* | *Coût : bon marché*

Les petits pains
au sésame

Jouez l'originalité et confectionnez pour vos amis de délicieux petits pains au bon goût de sésame. Moelleux et délicatement croquants, ils donneront à votre plateau de fromage un petit air de fête et une note exotique. Régalez-vous !

1 PRÉPARATION. Versez les 20 cl d'eau tiède dans un bol et délayez les 12 g de levure fraîche. Dans un saladier, versez en pluie les 100 g de farine complète et les 250 g de farine ordinaire tamisée, puis ajoutez la levure délayée. Mélangez bien. Ensuite versez la cuillère et demi de sel.

2 PÉTRISSAGE. Pétrissez la pâte avec les mains pendant 10 min. La pâte doit devenir lisse et homogène.

Ingrédients
(pour 8 petits pains)

- ✓ *100 g de farine de blé complet tamisée*
- ✓ *250 g de farine de blé ordinaire tamisée*
- ✓ *30 g de grains de sésame*
- ✓ *12 g de levure fraîche de boulanger*
- ✓ *20 cl d'eau tiède (environ 25°)*
- ✓ *1,5 cuillère à café de sel fin*

3 TEMPS DE REPOS. Formez ensuite une boule de pâte, mettez-la dans un saladier et couvrez d'un linge. Laissez reposer 1 h dans un endroit chaud à l'abri des courants d'air. La pâte gonflera doucement.

4 FAÇONNAGE. Rompez la pâte plusieurs fois avec les mains et travaillez-la pendant environ 2 min. Farinez vos mains et façonnez 8 petits pains ronds. Rangez-les sur une plaque de four farinée. Couvrez d'un linge et laissez reposer dans un endroit chaud pendant 2 h.

›DÉGUSTATION

Les petits pains au sésame sont délicieux nature ou servis avec du beurre frais.
Ils accompagnent parfaitement un plat de charcuterie ou une viande froide. Pensez-y pour vos pique-nique.
Vous pouvez aussi les servir tièdes, en les réchauffant à four moyen pendant 10 min. environ, enveloppés dans un papier d'aluminium.

5 FINITION. Préchauffez le four à 240° (th. 8). Badigeonnez les pains d'un peu d'eau. Roulez-les dans les grains de sésame.

6 CUISSON. Placez un grand bol d'eau tiède dans le bas du four. Mettez à four chaud environ 20 min. en baissant la température à 210° (Th. 7) pour les 10 dernières minutes. Puis laissez refroidir sur une grille.

Préparation : 20 minutes | Repos : 3 heures | Cuisson : 20 minutes | Réalisation : facile | Coût : bon marché

Les petits pains *aux pignons*

Avec ces petits pains aux pignons, c'est vraiment la fête ! Attendez-vous aux compliments en offrant à vos convives ces pains raffinés et goûteux, qui s'accommodent très bien de beaux plats mijotés comme une daube de bœuf à la provençale ou un bon rôti.

1 PRÉPARATION. Émiettez les 12 g de levure dans les 20 cl d'eau tiède et mélangez.

2 MÉLANGE. Versez les 120 g de farine complète et les 230 g de farine de blé ordinaire dans un saladier. Ajoutez la levure délayée, mélangez, puis incorporez les 2 cuillères à café de sel. Pétrissez la pâte environ 8 min.

Ingrédients
(pour 8 petits pains)

- ✓ 120 g de farine complète
- ✓ 230 g de farine de blé ordinaire tamisée
- ✓ 25 g de pignons
- ✓ 12 g de levure fraîche de boulanger
- ✓ 20 cl d'eau tiède
- ✓ 2 cuillères à café de sel

3 1ER TEMPS DE REPOS. Formez une boule de pâte et mettez-la dans un plat creux huilé. Couvrez d'un linge et laissez reposer environ 1 h dans un endroit chaud à l'abri des courants d'air.

4 INCORPORATION. Incorporez les 25 g de pignons dans la pâte et travaillez-la quelques instants.

›ASTUCE

N'oubliez pas de préchauffer suffisamment votre four. Une vive chaleur dès le début de la cuisson est la garantie de beaux pains à la croûte dorée et bien croustillante. Vous pouvez éventuellement hacher les pignons grossièrement dans le bol de votre mixeur avant de les incorporer à la pâte – ou encore les poêler rapidement dans une poêle antiadhésive avant de les y ajouter.

5 2E TEMPS DE REPOS. Partagez la pâte en 8 petites boules. Placez-les sur une plaque de four légèrement huilée et farinée. Couvrez d'un linge et laissez reposer dans un endroit chaud environ 2 h.

6 CUISSON. Préchauffez le four à 240° (th. 8). Badigeonnez les pains d'un peu d'eau. Placez un bol d'eau tiède dans le bas du four. Mettez à cuire environ 20 min., en prenant soin de baisser la température à 210° (th. 7) les 10 dernières minutes. Laissez refroidir sur une grille.

Préparation : 25 minutes | Repos : 1 heure 30 | Cuisson : 25 minutes | Réalisation : facile | Coût : assez cher

Les petits pains *triangle aux noix*

Une idée simple et goûteuse ? Essayez ces petits pains, enrichis de noix et de raisins secs. Réservez-les pour une soirée entre amis autour d'une daube de bœuf ou d'un beau plateau de fromages !

1 PRÉPARATION. Émiettez les 12 g de levure fraîche dans les 15 cl d'eau tiède. Versez les 200 g de farine ordinaire et les 150 g de farine complète dans un saladier. Ajoutez la levure délayée et les 3 cl d'huile d'olive. Mélangez, puis ajoutez les 2 cuillères à café de sel. Pétrissez la pâte 2 min.

2 INCORPORATION. Hachez grossièrement les 60 g de cerneaux de noix. Incorporez-les dans la pâte avec les 20 g de raisins secs. Pétrissez environ 6 min.

Ingrédients
(pour 4 pains)

- ✓ *200 g de farine de blé ordinaire tamisée*
- ✓ *150 g de farine complète*
- ✓ *60 g de cerneaux de noix*
- ✓ *12 g de levure fraîche de boulanger*
- ✓ *20 g de raisins secs*
- ✓ *15 cl d'eau tiède*
- ✓ *3 cl d'huile d'olive*
- ✓ *2 cuillères à café de sel*

3 1ER TEMPS DE REPOS. Formez une boule de pâte, mettez-la dans un plat creux huilé. Couvrez d'un linge et laissez reposer dans un endroit chaud environ 45 min.

4 FAÇONNAGE. Partagez la pâte en 4 parts égales. Formez des triangles et placez-les sur une plaque de four légèrement farinée.

›ASTUCE
Utilisez de préférence le même linge de coton ou de lin pour couvrir vos pains durant les temps de repos. Évitez de laver ce linge avec des lessives qui peuvent communiquer leurs parfums à la pâte et privilégiez les lavages à l'ancienne avec un simple savon de Marseille.

5 2E TEMPS DE REPOS. Couvrez d'un linge et laissez reposer dans un endroit chaud environ 45 min. Après ce temps de repos, préchauffez le four à 240°C (th. 8).

6 CUISSON. Badigeonnez les petits pains d'un peu d'eau. Mettez à cuire environ 25 min. Laissez refroidir sur une grille.

Les pains régionaux

La ficelle
olives et lardons

Ambiance boulangerie traditionnelle avec cette jolie et succulente ficelle. Idéale pour un buffet ou un repas provençal, elle va apporter pimpant et saveurs. Le mélange lardons et olives est une vraie réussite. À vous de pétrir !

Ingrédients
(pour 2 ficelles)

- ✓ *160 g de farine de blé ordinaire tamisée*
- ✓ *20 g d'olives dénoyautées*
- ✓ *20 g de lardons fumés*
- ✓ *40 g de farine complète*
- ✓ *10 cl d'eau tiède*
- ✓ *1 cuillère à soupe d'huile*
- ✓ *10 g de levure fraîche de boulanger*
- ✓ *1,5 cuillère à café de sel*

1 PRÉPARATION . Émiettez les 10 g de levure fraîche dans les 10 cl d'eau tiède.

2 PÉTRISSAGE. Versez les 160 g de farine de blé et les 40 g de farine complète dans un saladier, puis ajoutez la levure délayée, la cuillère à soupe d'huile et la cuillère et demi de sel. Pétrissez la pâte 8 à 10 min.

3 1ER TEMPS DE REPOS. Mettez la pâte dans un plat creux huilé. Couvrez d'un linge et laissez gonfler environ 2 h 30 dans un endroit chaud à l'abri des courants d'air.

4 INCORPORATION. Découpez les 20 g de lardons fumés en dés. Découpez les 20 g d'olives en lanières. Travaillez la pâte 5 min., puis incorporez les olives et les lardons.

5 2E TEMPS DE REPOS. Divisez la pâte en deux parts égales. Formez deux longs boudins. Posez-les sur une plaque de four farinée. Couvrez d'un linge et laissez reposer environ 1 h dans un endroit chaud.

6 CUISSON. Préchauffez le four à 240° (th. 8). Placez un bol d'eau dans le bas du four. Badigeonnez le dessus des ficelles d'un peu d'eau. Mettez à cuire environ 20 min., en baissant la température à 210° (th. 7) après 5 min. Laissez refroidir sur une grille.

›ASTUCE

Utilisez une huile d'olive qui apportera une petite note fruitée très agréable à vos ficelles. Après le façonnage, vous pouvez envelopper les ficelles dans deux linges légèrement saupoudrés de farine pour le temps de repos d'une heure.

Préparation : 25 minutes | Repos : 3 heures | Cuisson : 25 minutes | Réalisation : facile | Coût : assez cher

La fougasse
aux lardons

Célébrez le bonheur d'un déjeuner au soleil avec cette délicieuse fougasse aux lardons. Subtilement parfumée de quelques gouttes d'huile d'olive, sa mie moelleuse et goûteuse viendra enrichir avec bonheur votre menu du jour. Un pain généreux et très convivial.

1 PRÉPARATION DE LA PÂTE. Délayez les 12 g de levure émiettée dans les 20 cl d'eau tiède. Versez dans un bol les 400 g de farin la levure délayée. Mélangez bien. Incorporez les 2 cuillères à soupe d'huile d'olive et la cuillère à café et demie de sel. Pétrissez pendant 10 min. environ.

2 1ER TEMPS DE REPOS. Formez une boule lisse et homogène. Déposez la pâte dans un plat creux, couvrez d'un linge et laissez reposer 1 h dans un endroit chaud à l'abri des courants d'air. La pâte gonflera doucement.

Ingrédients
(pour 4 à 6 personnes)

- ✓ *400 g de farine de blé ordinaire tamisée*
- ✓ *12 g de levure fraîche de boulanger*
- ✓ *20 cl d'eau tiède (environ 25°)*
- ✓ *100 g de lardons*
- ✓ *2 cuillères à soupe d'huile d'olive*
- ✓ *1,5 cuillère à café de sel fin*

3 FAÇONNAGE. Incorporez les 100 g de lardons. Formez une nouvelle boule de pâte. Placez-la sur une plaque de four huilée et farinée et aplatissez-la pour former un grand cercle de la taille d'une grande assiette.

4 DÉCOUPE DE LA FOUGASSE. Pratiquez 6 grandes entailles en biais de part et d'autre de la fougasse en vous aidant de la pointe d'un couteau. Agrandissez bien les entailles avec les doigts pour former des trous assez larges.

›ASTUCE

Pour parfumer et bien dorer votre fougasse, vous pouvez la badigeonner avec 1 cuillère à soupe d'huile d'olive avant de l'enfourner. Vous pouvez aussi utiliser une huile parfumée faite maison. Pour cela, il vous suffit de déposer 5 à 6 petits piments dans une bouteille d'huile d'olive extra-vierge première pression à froid. Fermez la bouteille et laissez reposer environ une semaine avant de la goûter.

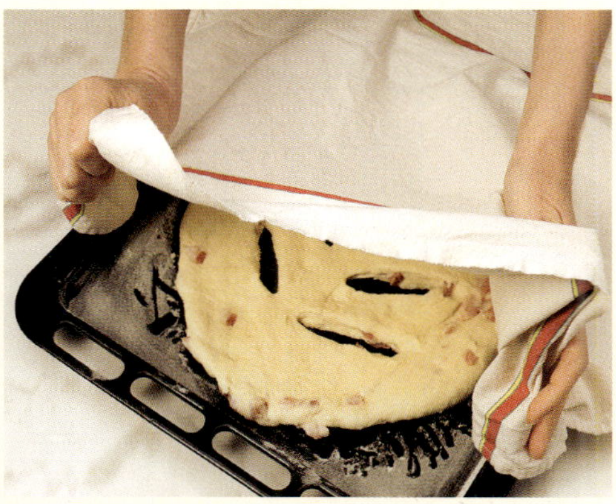

5 2E TEMPS DE REPOS. Couvrez d'un linge et laissez reposer dans un endroit chaud pendant 2 heures.

6 CUISSON. Préchauffez le four à 240° (th. 8). Déposez un grand bol d'eau tiède dans le bas de votre four. Mettez la fougasse à four chaud pendant environ 25 min. en baissant la température à 210° (th. 7) les 15 dernières minutes. Laissez refroidir sur une grille.

Préparation : 25 minutes | Repos : 2 heures | Cuisson : 25 minutes | Réalisation : facile | Coût : bon marché

La torsade
aux herbes

Donnez un air de gaieté à votre table avec cette belle torsade de pain façonnée à la manière des boulangers de Provence. Vous l'apprécierez mieux encore avec une assiette de petits légumes du jardin rehaussés d'un peu d'huile d'olive. Du plaisir gourmand simple et authentique !

1 Préparation. Délayez les 10 g de levure dans les 10 cl d'eau tiède. Versez les 200 g de farine de blé, la cuillère à café de sel, la cuillère à soupe d'huile d'olive et la cuillère à soupe d'herbes de Provence dans un saladier. Mélangez bien.

2 Pétrissage. Pétrissez la pâte environ 8 à 10 min. Elle doit être souple et élastique sous les doigts. Ajoutez un peu d'eau ou de farine si la consistance ne convient pas.

Ingrédients
(pour 1 torsade)

- ✓ *200 g de farine de blé ordinaire tamisée*
- ✓ *10 g de levure fraîche de boulanger*
- ✓ *10 cl d'eau tiède*
- ✓ *1 cuillère à café de sel fin*
- ✓ *1 cuillère à soupe d'huile d'olive*
- ✓ *1 cuillère à soupe d'herbes de Provence séchées*

3 Temps de repos. Formez une boule de pâte. Mettez-la dans un plat creux huilé. Couvrez d'un linge et laissez gonfler dans un endroit chaud à l'abri des courants d'air pendant 2 h.

4 Nouveau pétrissage. Pliez la pâte plusieurs fois avec les mains.

›ASTUCE

Vous pouvez aussi utiliser pour cette recette des herbes aromatiques que vous aurez cueillies et mises dans une bouteille remplie d'huile d'olive. Prenez soin de bien les essuyer dans un papier absorbant avant de les ajouter à votre préparation. Vous pourrez aussi verser un peu de cette huile d'olive parfumée dans la pâte, ce qui rehaussera encore un peu plus les saveurs de votre pain.

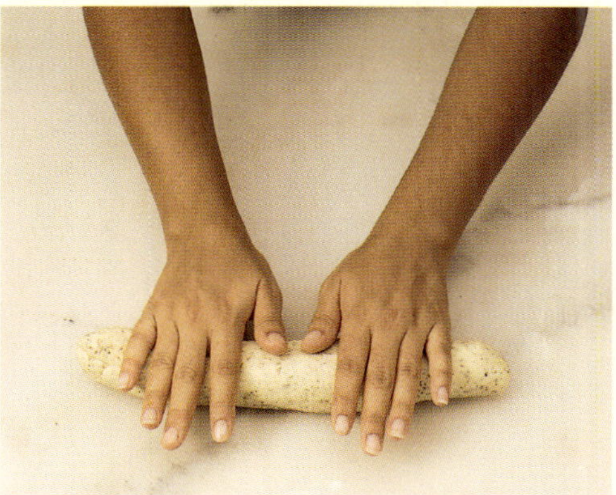

5 Façonnage. Formez un long boudin de pâte. Tournez-le sur lui-même pour lui donner la forme d'une longue torsade. Déposez délicatement cette torsade sur une plaque de four légèrement farinée.

6 Cuisson. Préchauffez le four à 240° (th. 8). Posez un bol d'eau dans le bas du four. Badigeonnez le dessus de la torsade d'un peu d'eau. Mettez à cuire environ 25 min. en baissant la température à 210° (th. 7) les 10 dernières minutes.

Préparation : 20 minutes | *Repos : 3 heures 30* | *Cuisson : 35 minutes* | *Réalisation : assez facile* | *Coût : bon marché*

La tresse
au romarin

Une belle tresse parfumée au romarin, quoi de mieux pour égayer une jolie table qui fleure bon la Provence et l'olive ? À savourer en compagnie d'une succulente daube au vin rouge.

1 PRÉPARATION. Émiettez les 18 g de levure fraîche dans les 20 cl d'eau tiède. Mélangez.

2 PRÉPARATION DE LA PÂTE. Versez dans un saladier les 250 g de farine ordinaire et les 150 g de farine complète, la cuillère à soupe d'huile d'olive, la cuillère à café de romarin et les 2 cuillères à café de sel. Poivrez et pétrissez 10 min.

Ingrédients
(pour 1 tresse)

- ✓ *250 g de farine de blé ordinaire tamisée*
- ✓ *150 g de farine complète*
- ✓ *18 g de levure fraîche de boulanger*
- ✓ *20 cl d'eau tiède*
- ✓ *2 cuillères à café de sel*
- ✓ *poivre du moulin*
- ✓ *1 cuillère à café de romarin*
- ✓ *1 cuillère à soupe d'huile d'olive*

3 1er TEMPS DE REPOS. Formez une boule de pâte et mettez-la dans un plat creux légèrement huilé. Couvrez d'un linge et laissez reposer dans un endroit chaud environ 2 h 30.

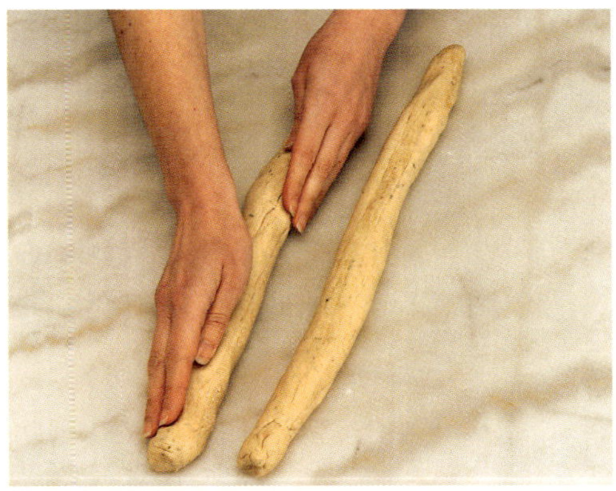

4 FAÇONNAGE. Travaillez la pâte quelques instants, divisez-la en deux et formez deux longs boudins. Façonnez une tresse en enroulant ces boudins.

›ASTUCE

N'oubliez jamais que votre pâte doit avoir une consistance parfaitement souple et élastique. Sinon, vous risquez de connaître quelques difficultés pour la façonner et la tresser. Ayez toujours le réflexe d'ajouter éventuellement un peu de farine ou d'eau car la même recette ne donnera pas exactement les mêmes résultats selon la température ambiante de la pièce.

5 2e TEMPS DE REPOS. Posez le pain sur une plaque de four farinée. Couvrez d'un linge et laissez reposer dans un endroit chaud environ 1 h.

6 CUISSON. Préchauffez le four à 240° (th. 8). Placez un bol d'eau dans le bas du four. Badigeonnez le dessus de la tresse d'un peu d'eau. Mettez à cuire environ 35 min. en baissant la température à 210° (th. 7) les 10 dernières minutes.

Préparation : 1 heure | Repos : 3 heures 30 | Cuisson : 40 minutes | Réalisation : assez facile | Coût : assez cher

Le pain
aux noix du Béarn

Excellent avec des fruits de mer et se mariant aussi à merveille avec une grande variété de fromages, ce pain, traditionnellement fabriqué dans le Béarn, est plus moelleux encore si l'on prend la peine d'y ajouter quelques gouttes d'huile de noix ou une cuillère de miel. On peut le conserver quelques jours enveloppé dans un torchon.

Ingrédients
(pour 2 pains)

- ✓ *200 g de farine de blé ordinaire tamisée*
- ✓ *100 g de farine de seigle tamisée*
- ✓ *15 cl d'eau tiède (25°)*
- ✓ *10 g de levure fraîche de boulanger*
- ✓ *1 cuillère à soupe de miel*
- ✓ *1 cuillère à café de sel*
- ✓ *2 cuillère à soupe d'huile de noix*
- ✓ *90 g de cerneaux de noix hachés grossièrement*

1 Préparation. Dans un bol, émiettez les 10 g de levure, délayez avec 5 cl d'eau tiède et la cuillère à soupe de miel. Ajoutez 30 g de la farine de blé. Laissez gonfler 30 min.

2 Mélange. Dans un saladier, mélangez les 170 g de farine de blé restant et les 100 g de farine de seigle ; creusez un puits au centre. Versez la levure délayée, et les 10 cl d'eau restant.

3 Pétrissage. Amalgamez le tout et pétrissez pendant 10 min., soit jusqu'à obtenir une pâte lisse et souple. Ajoutez à la pâte la cuillère à café de sel, les 2 cuillères à soupe d'huile de noix. Pétrissez la pâte pendant 5 min., puis incorporez les 90 g de cerneaux de noix hachés grossièrement.

4 Temps de repos. Formez une boule de pâte. Recouvrez-la d'un linge humide et laissez reposer 2 h à température ambiante. La pâte doit doubler de volume. Préchauffez le four à 220° (th. 7-8).

5 Mise en forme. Remodelez la pâte, puis divisez-la en deux portions et façonnez chaque morceau en un pain ovale. Déposez les pains sur la plaque du four. Recouvrez-les d'un linge humide et laissez-les lever pendant 1 h à température ambiante.

6 Cuisson. Déposez dans le bas du four un plat à gratin rempli d'eau chaude. Lorsque le four est chaud, enfournez et laissez cuire 40 min. environ en surveillant la coloration des pains. Au besoin, baissez la température du four à 180° (th. 6).

›VARIATION

Vous pouvez enrichir ce pain aux noix du Béarn avec 50 g de lardons en petits dés. Vous pouvez aussi ajouter à vos noix des raisins secs ou encore des éclats de noisettes. Plus étonnant, versez dans la pâte des petits dés de saucissons secs de montagne et servez le pain, détaillé en minibouchées, au moment de l'apéritif !

Préparation : 20 minutes | Repos : 1 heure 45 | Cuisson : 40 minutes | Réalisation : facile | Coût : assez cher

Le pain brioché *au comté*

Cette recette d'inspiration jurassienne est à réserver pour un solide repas entre amis, un jour de froid. Sa bonne odeur de pain frais maison va séduire les plus exigeants. Parfait avec un plat en sauce ou un plateau de charcuterie de montagne !

1 PRÉPARATION. Mettez le sachet de levure dans un bol et versez les 20 cl de lait tiède.

2 MÉLANGE. Versez les 300 g de farine dans un saladier. Ajoutez les 10 cl d'huile, la levure délayée, les 2 œufs, la cuillère à soupe de sucre, la cuillère à café de sel et mélangez. Pétrissez la pâte 8 à 10 min.

3 1ER TEMPS DE REPOS. Mettez la pâte dans un plat creux huilé. Couvrez d'un linge et laissez reposer environ 45 min. dans un endroit chaud à l'abri des courants d'air.

4 INCORPORATION. Découpez les 60 g de comté en petits dés de taille régulière. Ajoutez-les dans la pâte.

5 2E TEMPS DE REPOS. Partagez la pâte en 4 boules d'égale grosseur. Huilez légèrement le moule. Placez-les dans le moule. Couvrez d'un linge et laissez gonfler environ 1 h dans un endroit chaud. Après ce temps de repos, préchauffez le four à 240° (th. 8).

6 CUISSON. Posez un bol d'eau dans le bas du four. Mettez à cuire environ 40 min., en baissant la température à 210° (th. 7) les 15 dernières minutes. 10 min avant la fin de la cuisson, saupoudrez le dessus du pain de comté râpé. Démoulez et laissez refroidir sur une grille.

Ingrédients
(pour 4 à 6 personnes)

- ✓ *300 g de farine de blé ordinaire tamisée*
- ✓ *10 cl d'huile d'olive + 1 cuillère à soupe*
- ✓ *2 œufs*
- ✓ *1 cuillère à soupe de sucre en poudre*
- ✓ *20 cl de lait tiède*
- ✓ *1 cuillère à café de sel*
- ✓ *60 g de comté + 20 g râpé*
- ✓ *1 sachet de levure fraîche*

Ustensile

- ✓ *un moule à cake de 24 cm ou un moule rond à bord haut de 22 cm*

›ASTUCE

N'oubliez jamais que le temps de pétrissage est précieux et indispensable pour assurer la réussite de vos pains. N'hésitez pas à travailler la pâte 2 ou 3 minutes de plus, si nécessaire, afin d'obtenir une consistance souple, aérée et qui ne colle pas aux doigts.

Préparation : 20 minutes | Repos : 3 heures 30 | Cuisson : 45 minutes | Réalisation : facile | Coût : assez cher

Le pain complet *du Jura*

C'est le grand retour des plaisirs rustiques ! Offrez ce pain savoureux, bourré d'énergie, qui faisait autrefois le bonheur des paysans jurassiens. Un régal qui enchantera vos invités surtout si vous le présentez lors d'un pique-nique !

1 Préparation. Émiettez les 12 g de levure dans les 18 cl d'eau tiède.

2 Pétrissage. Versez les 200 g de farine ordinaire et les 200 g de farine complète dans un saladier. Ajoutez la levure délayée, les 2 cuillères à soupe d'huile, les 2 cuillères à soupe de lait, l'œuf et les 2 cuillères à café de sel. Pétrissez la pâte 8 à 10 min.

Ingrédients
(pour 1 pain)

- *200 g de farine ordinaire tamisée*
- *200 g de farine complète tamisée*
- *2 cuillères à soupe d'huile*
- *18 cl d'eau tiède*
- *2 cuillères à soupe de lait*
- *1 œuf*
- *80 g de fromage râpé (gruyère ou comté) + 1 cuillère à soupe*
- *12 g de levure fraîche de boulanger*
- *2 cuillères à café de sel*

Ustensile

- *un moule à pain (ou à cake) d'environ 24 cm*

3 1er temps de repos. Formez une boule de pâte, mettez-la dans un saladier légèrement huilé. Couvrez d'un linge et laissez reposer environ 2 h dans un endroit chaud à l'abri des courants d'air.

4 Incorporation. Travaillez la pâte quelques instants, puis incorporez les 80 g de fromage râpé. Huilez légèrement le moule. Formez un long boudin de pâte et placez-le dans le moule. Couvrez d'un linge et laissez reposer environ 1 h 30 dans un endroit chaud.

›ASTUCE

N'oubliez pas qu'il est très important de préparer votre pâte à pain avec un liquide à température ambiante, que ce soit de l'eau ou du lait, afin de faciliter la levée. Faites tiédir légèrement les liquides avant utilisation. Pensez à sortir l'œuf du réfrigérateur longtemps à l'avance.

5 Finition. Préchauffez le four à 240° (th. 8). Badigeonnez le dessus du pain d'un peu d'eau. Saupoudrez de fromage râpé.

6 Cuisson. Placez un bol d'eau dans le bas du four. Mettez à cuire environ 45 min., en baissant la température à 210° (th. 7) les 15 dernières minutes. Attendez 5 min. avant de démouler le pain sur une grille.

Préparation : 25 minutes | Repos : 3 heures | Cuisson : 35 minutes | Réalisation : facile | Coût : bon marché

Le pain *de la garrigue*

Faites la part belle aux saveurs de la garrigue ! Ce pain nourri de thym, de laurier, de romarin, de sarriette, de fenouil... sent bon l'univers enchanté de Marcel Pagnol. Un pain tout en intensité aromatique qui se prête merveilleusement à un casse-croûte au soleil ! Idéal avec un bon fromage ou une charcuterie de montagne.

Ingrédients
(pour 4 à 6 personnes)

- ✓ *400 g de farine de blé ordinaire tamisée*
- ✓ *2 cuillères à soupe d'herbes de Provence*
- ✓ *12 g de levure fraîche de boulanger*
- ✓ *20 cl d'eau tiède (environ 25°)*
- ✓ *2 cuillères à soupe d'huile d'olive*
- ✓ *1,5 cuillère à café de sel fin*

1 PRÉPARATION DE LA LEVURE. Versez 20 cl d'eau tiède dans un bol et délayez les 12 g de levure fraîche.

2 PRÉPARATION DE LA PÂTE. Versez dans un bol les 400 g de farine et la levure délayée. Mélangez bien. Incorporez les 2 cuillères à soupe d'herbes de Provence, les 2 cuillères à soupe d'huile d'olive et la cuillère à café et demie de sel. Pétrissez pendant 10 min. environ.

3 1ER TEMPS DE REPOS. Formez une boule lisse et homogène. Déposez la pâte dans un plat creux, couvrez d'un linge et laissez reposer 1 h dans un endroit chaud à l'abri des courants d'air. La pâte va doucement gonfler.

4 FAÇONNAGE. Déposez la pâte sur un plan de travail fariné et rompez-la plusieurs fois avec les mains. Formez un pain allongé.

5 2E TEMPS DE REPOS. Déposez-le ensuite sur une plaque de four légèrement huilée et farinée. Couvrez d'un linge et laissez reposer dans un endroit chaud pendant deux heures. Après ce temps de repos, préchauffez le four à 240° (th. 8).

6 CUISSON. Déposez un grand bol d'eau tiède dans le bas de votre four. Incisez le dessus du pain avec la pointe d'un couteau. Mettez le pain à four chaud pendant environ 35 min. en baissant la température à 210° (th. 7) les 15 dernières minutes. Laissez refroidir sur une grille.

›ASTUCE

Vous trouverez facilement dans le commerce des mélanges d'herbes de Provence. Mais pourquoi ne pas les préparer vous-même ? Vous pourrez alors leur donner plus de personnalité. Cueillez ou achetez vos herbes préférées à la belle saison. Faites-les sécher en les étalant pour éviter qu'elles se chevauchent. Conservez-les dans une boîte et rangez-les dans un endroit sec et à l'abri de la lumière.

Préparation : 10 minutes | Repos : 4 heures | Cuisson : 25 minutes | Réalisation : facile | Coût : bon marché

Le pain *des Landes*

Il est sain et appétissant, ce beau pain confectionné à l'ancienne et lentement pétri à la main. Sa petite note originale en fait le pain idéal des repas décontractés dédiés à la gourmandise et aux convives joyeux !

1 PRÉPARATION DU LEVAIN. Mélangez les 75 g de farine, les 8 g de levure de boulanger et les 5 cl d'eau dans un grand bol. Couvrez et laissez reposer 1 h 30 dans un endroit chaud.

2 PRÉPARATION DE LA PÂTE. Versez dans un saladier les 225 g de farine de blé, les 35 g de farine de maïs et les 2 cuillères à café de sel et mélangez. Ajoutez le levain et les 20 cl d'eau tiède. Travaillez la pâte environ 10 min.

Ingrédients
(pour 1 pain)

Pour le levain :
- ✓ 75 g de farine de blé ordinaire tamisée
- ✓ 5 cl d'eau tiède
- ✓ 8 g de levure fraîche de boulanger

Pour la pâte :
- ✓ 225 g de farine de blé ordinaire tamisée
- ✓ 35 g de farine de maïs
- ✓ 20 cl d'eau tiède (environ 25°)
- ✓ 2 cuillères à café de sel

Ustensile
- ✓ un moule à pain long ou un moule à cake

3 1ER TEMPS DE REPOS. Formez une boule de pâte, mettez-la dans un plat creux huilé. Couvrez d'un linge et déposez dans un endroit chaud. Laissez gonfler la pâte environ 1 h.

4 PRÉPARATION DU MOULE. Formez un pain de forme légèrement allongée. Huilez légèrement le moule.

›ASTUCE

Vous n'êtes pas obligée de mettre la pâte dans le moule. Vous pouvez très bien donner une forme ronde ou allongée à la pâte et placer ensuite le pâton sur une plaque de four légèrement farinée. Farinez le dessus de votre pain avant de le passer au four. Il prendra alors un joli aspect poudreux à la cuisson.

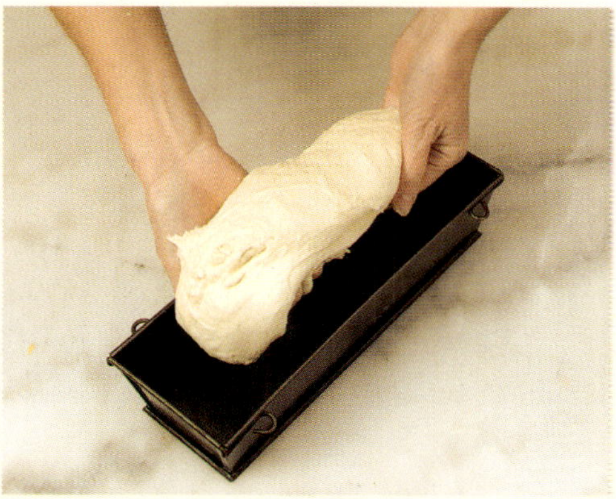

5 2E TEMPS DE REPOS. Déposez la pâte dans le moule. Couvrez d'un linge et laissez gonfler dans un endroit chaud environ 1 h 30. Après ce temps de repos, préchauffez le four à 240 ° (th. 8).

6 CUISSON. Déposez un bol rempli d'eau dans le bas de votre four. Mettez à cuire environ 25 min. en baissant la température à 210° (th. 7) les 15 dernières minutes de cuisson. Laissez tiédir puis démoulez le pain sur une grille après la cuisson.

Préparation : 20 minutes | *Repos : 3 heures* | *Cuisson : 40 minutes* | *Réalisation : facile* | *Coût : bon marché*

Le pain
du Gers

Le Gers est une région célèbre pour ses recettes de canard. Voici un beau pain qui s'associera parfaitement avec des magrets séchés et une belle salade craquante. Une recette originale et très raffinée !

1 PRÉPARATION. Émiettez les 10 g de levure dans les 22 cl d'eau tiède.

2 MÉLANGE. Versez dans un saladier les 300 g de farine de blé, les 100 g de farine de seigle, la levure délayée, les 2 cuillères à café de sel et la cuillère à soupe de sucre en poudre. Pétrissez la pâte environ 10 min. Ajoutez les 20 g de beurre, les 80 g de maïs et les 70 g de raisins secs.

Ingrédients
(pour 1 pain)

- ✓ *300 g de farine de blé ordinaire tamisée*
- ✓ *100 g de farine de seigle tamisée*
- ✓ *20 g de beurre*
- ✓ *80 g de maïs au naturel*
- ✓ *70 g de raisins secs*
- ✓ *22 cl d'eau tiède*
- ✓ *2 cuillères à café de sel fin*
- ✓ *1 cuillère à soupe de sucre en poudre*
- ✓ *10 g de levure fraîche de boulanger*

3 1ER TEMPS DE REPOS. Mettez la pâte dans un plat creux huilé. Couvrez d'un linge et laissez reposer 2 h dans un endroit chaud.

4 PÉTRISSAGE. Repliez plusieurs fois la pâte et pétrissez 5 min.

›CONSERVATION

Si vous souhaitez congeler votre pain, faites-le d'abord complètement refroidir, puis enveloppez-le dans du papier aluminium et rangez-le dans un sachet en plastique. Vous le conserverez environ 6 semaines dans votre congélateur. Une décongélation rapide au four à micro-ondes se fera en ôtant le papier aluminium.

5 2E TEMPS DE REPOS. Formez une boule de pâte, mettez-la sur une plaque de four couverte de papier sulfurisé. Couvrez d'un linge et laissez reposer au chaud environ 1 h. Après ce temps de repos, préchauffez le four à 240° (th. 8).

6 CUISSON. Posez un bol d'eau dans le bas du four. Incisez le dessus du pain en trois lignes obliques parallèles. Mettez à cuire environ 40 min., en baissant la température à 210° (th. 7) les 15 dernières minutes. Laissez tiédir, puis démoulez sur une grille.

Préparation : 25 minutes | *Repos : 2 heures* | *Cuisson : 40 minutes* | *Réalisation : facile* | *Coût : assez cher*

Le pain moulé
huile, fromage et herbes

Voici une belle spécialité boulangère provençale. Elle demande juste un peu de temps, de bons produits, mais le résultat est superbe ! À servir avec une salade de mesclun ou des tomates à l'huile d'olive et au basilic !

1 Préparation. Émiettez les 14 g de levure fraîche dans les 20 cl d'eau tiède. Versez les 400 g de farine dans un saladier. Ajoutez la levure délayée, les 2 cuillères à café de sel et mélangez. Pétrissez la pâte environ 8 min.

2 1er temps de repos. Formez une boule de pâte, mettez-la dans un plat creux légèrement huilé. Couvrez d'un linge et laissez gonfler environ 1 h dans un endroit chaud.

Ingrédients
(pour 1 pain)

- *400 g de farine de blé ordinaire tamisée*
- *20 cl d'eau tiède*
- *14 g de levure fraîche de boulanger*
- *2 cuillères à café de sel*
- *1 gousse d'ail*
- *3 cl d'huile d'olive*
- *50 g de fromage râpé*
- *12 feuilles de basilic*
- *2 cuillères à soupe de feuilles de persil*
- *10 g de beurre*

Ustensile

- *un moule à pain rond d'environ 24 cm*

3 Préparation de la garniture. Épluchez la gousse d'ail. Rincez les feuilles de basilic et de persil et essuyez-les. Mettez les feuilles de basilic dans le bol du mixeur et hachez finement avec les 3 cl d'huile d'olive, la gousse d'ail et les 50 g de fromage râpé.

4 Mélange. Incorporez le mélange à base d'herbes et de fromage dans la pâte. Mélangez bien et travaillez la pâte quelques instants.

›Variation

Vous pouvez enrichir votre pain en ajoutant une ou deux cuillères à soupe de grains d'orge ou de blé dans la pâte avant le premier temps de repos.
Vous pouvez aussi remplacer la gousse d'ail par une échalote finement hachée qui apportera ses saveurs douces et parfumées.

5 2e temps de repos. Façonnez un pain de forme ronde. Placez-le dans le moule légèrement huilé. Couvrez d'un linge et laissez gonfler environ 1 h dans un endroit chaud. Préchauffez le four à 240° (th. 8).

6 Cuisson. Posez un bol d'eau dans le bas du four. Badigeonnez le dessus du pain d'un peu d'eau. Mettez à cuire environ 40 min., en baissant la température à 210° (th. 7) les 10 dernières minutes. Démoulez et laissez refroidir sur une grille.

Le pain *tordu*

Le pain tordu est un sympathique pain régional originaire du Sud-Ouest de la France. Sa forme inattendue fera la joie des petits gourmands. Et les grands apprécieront sa mie incomparable et sa belle croûte dorée !

1 PRÉPARATION. Versez dans un bol les 20 cl d'eau tiède et les 20 g de levure fraîche. Mélangez bien.

2 PÉTRISSAGE. Versez les 250 g de farine ordinaire, les 150 g de farine complète, et la cuillère à soupe d'huile d'olive dans un saladier. Ajoutez la levure délayée et mélangez. Ajoutez la cuillère à café et demie de sel. Pétrissez la pâte pendant 10 min.

Ingrédients
(pour 2 pains)

- ✓ *250 g de farine de blé ordinaire tamisée + 1 cuillère à soupe pour la plaque*
- ✓ *150 g de farine complète*
- ✓ *20 g de levure fraîche de boulanger*
- ✓ *20 cl d'eau tiède*
- ✓ *1,5 cuillère à café de sel fin*
- ✓ *1 cuillère à soupe d'huile d'olive*

3 1ER TEMPS DE REPOS. Mettez la pâte dans un plat creux légèrement huilé, couvrez d'un linge et laissez reposer 3 h dans un endroit chaud à l'abri des courants d'air. La pâte gonflera doucement.

4 FAÇONNAGE. Travaillez à nouveau la pâte quelques instants. Divisez-la en deux parts égales. Formez 2 longs boudins. Partagez chaque boudin en deux dans le sens de la longueur. Enroulez ces boudins de pâtes 2 par 2 afin de former 2 pains tordus.

›ASTUCE

Vous pouvez confectionner un seul gros pain tordu avec la même recette. Dans ce cas, faites cuire votre pain au four environ 35 min. à 240° (th. 8) puis une dizaine de min. à 210° (th. 7). Vous pouvez éventuellement saupoudrer votre pain d'un peu de farine tamisée juste avant de le mettre au four.

5 2E TEMPS DE REPOS. Rangez les 2 pains sur une plaque de four farinée. Couvrez d'un linge et laissez reposer dans un endroit chaud pendant 1 h.

6 CUISSON. Préchauffez le four à 240° (th. 8). Placez un bol d'eau dans le bas de votre four. Badigeonnez d'un peu d'eau le dessus des pains. Mettez à cuire environ 20 min. en baissant la température à 210° (th. 7) après 5 min. Laissez refroidir.

Préparation : 30 minutes | Repos : 3 heures 30 | Cuisson : 35 minutes | Réalisation : facile | Coût : bon marché

Le pavé
du Nord

Redécouvrez les plaisirs d'un bon pain préparé à l'ancienne, avec ce magnifique pavé du Nord, à la belle mie moelleuse en bouche. Vous le dégusterez à l'heure du casse-croûte, avec une terrine maison... La tradition veut aussi qu'on le serve lors des courses cyclistes sur « les pavés du Nord » – d'où son nom !

1 Préparation de la levure. Émiettez les 12 g de levure dans 18 cl d'eau tiède.

2 Préparation de la pâte. Versez les 200 g de farine de blé ordinaire et les 120 g de farine complète dans un saladier et mélangez. Ajoutez la levure délayée, les 2 cuillères à café de sel et la cuillère à soupe d'huile. Mélangez.

Ingrédients
(pour 1 pain)

- ✓ *200 g de farine de blé ordinaire tamisée*
- ✓ *120 g de farine complète*
- ✓ *12 g de levure fraîche de boulanger*
- ✓ *18 cl d'eau tiède*
- ✓ *2 cuillères à café de sel*
- ✓ *1 cuillère à soupe d'huile de tournesol*

3 Pétrissage. Pétrissez la pâte environ 10 min. Formez une boule de pâte.

4 1er temps de repos. Mettez la pâte dans un plat creux huilé. Couvrez d'un linge et laissez reposer 1 h 30 dans un endroit chaud à l'abri des courants d'air.

5 2e temps de repos. Pliez la pâte plusieurs fois. Donnez-lui la forme d'un carré et déposez-la sur une plaque de four légèrement farinée. Couvrez d'un linge et laissez reposer 2 h dans un endroit chaud.

6 Cuisson. Préchauffez le four à 240° (th. 8). Mettez un bol d'eau dans le bas du four. Saupoudrez le dessus du pain de farine avec une petite passoire fine. Mettez à cuire 35 min. en baissant la température à 210° (th. 7) les 10 dernières minutes. Laissez refroidir sur une grille.

›Astuce

Si vous jugez le résultat de votre cuisson décevant et la croûte un peu trop pâle, c'est que vous n'avez pas mis un bol d'eau dans votre four avant la cuisson. Vous pouvez aussi asperger l'intérieur du four avec de l'eau. Vérifiez enfin que la quantité de sel est suffisante et que vous n'avez pas mis trop de levure dans la pâte.

Le petit *bougnat*

Quoi de plus sympathique qu'un bon pain enrichi de lardons et de noix pour égayer une table dédiée aux saveurs du terroir ! Vous le savourerez avec un beau plateau de fromages affinés et de la charcuterie de montagne.

Ingrédients
(pour 1 pain)

- ✓ *220 g de farine de blé ordinaire tamisée + 1 cuillère à soupe*
- ✓ *120 g de farine de seigle*
- ✓ *40 g de lardons frais*
- ✓ *60 g de cerneaux de noix brisés*
- ✓ *18 cl d'eau tiède*
- ✓ *12 g de levure fraîche de boulanger*
- ✓ *2 cuillères à soupe d'huile de tournesol*
- ✓ *2 cuillères à café de sel*
- ✓ *poivre du moulin*

1 **PRÉPARATION.** Émiettez les 12 g de levure fraîche dans les 18 cl d'eau tiède.

2 **MÉLANGE.** Versez les 220 g de farine de blé et les 120 g de farine de seigle dans un saladier. Ajoutez la levure délayée et mélangez. Incorporez les 60 g de cerneaux, les 2 cuillères à café de sel et les 2 cuillères à soupe d'huile. Poivrez. Pétrissez bien.

3 **1ER TEMPS DE REPOS.** Formez une boule de pâte. Mettez-la dans un plat creux huilé. Couvrez d'un linge et laissez reposer dans un endroit chaud environ 1 h 30.

4 **PRÉPARATION DES LARDONS.** Faites chauffer une poêle antiadhésive et versez les 40 g de lardons. Faites-les dorer en remuant avec une spatule pour éviter qu'ils n'attachent, puis ajoutez-les à la pâte.

5 **INCORPORATION.** Malaxez et pliez la pâte plusieurs fois pour bien incorporer les lardons. Façonnez un pain de forme ronde. Posez-le sur une plaque de four farinée et couvrez d'un linge. Laissez reposer dans un endroit chaud environ 1 h.

6 **CUISSON.** Préchauffez le four à 240° (th. 8). Incisez le dessus du pain en étoile en partant du centre. Saupoudrez de la cuillère à soupe de farine. Mettez à cuire environ 25 min., en baissant la température à 210° (th. 7) les 10 dernières minutes. Laissez refroidir sur une grille.

›ASTUCE

Décortiquez vos noix de préférence au dernier moment. Elles auront encore plus de goût ! Si vous aimez les saveurs prononcées ou que vous n'avez pas de lardons frais, vous pouvez choisir des lardons fumés. Dans ce cas, diminuez légèrement la quantité de sel dans la pâte à pain.

Préparation : 20 minutes | *Repos : 4 heures* | *Cuisson : 15 minutes* | *Réalisation : facile* | *Coût : bon marché*

Les ficelles *provençales*

Voici une jolie recette qui enchantera tous les amoureux de la Provence. De petites ficelles croustillantes à proposer à l'heure de l'apéritif pour le plus grand plaisir de vos invités !

1 PRÉPARATION. Émiettez les 10 g de levure dans les 10 cl d'eau tiède.

2 MÉLANGE FARINE-LEVURE. Versez les 200 g de farine dans un saladier. Ajoutez la levure délayée, la cuillère à soupe d'huile d'olive, la cuillère à soupe d'herbes de Provence et mélangez. Ajoutez la cuillère à café de sel. Pétrissez environ 10 min.

Ingrédients

(pour 2 ficelles)

- ✓ *200 g de farine de blé ordinaire tamisée*
- ✓ *10 g de levure fraîche de boulanger*
- ✓ *10 cl d'eau tiède*
- ✓ *1 cuillère à café de sel*
- ✓ *1 cuillère à soupe d'huile d'olive + 1 cuillère à soupe*
- ✓ *1 cuillère à soupe d'herbes de Provence*

3 1ER TEMPS DE REPOS. Mettez la pâte dans un plat creux huilé. Couvrez d'un linge et laissez reposer environ 2 h 30 dans un endroit chaud.

4 FAÇONNAGE. Repliez plusieurs fois la pâte et pétrissez 2 à 3 min. Divisez-la en 2 et façonnez de longs boudins fins.

› VARIATION

Vous obtiendrez une mie encore plus moelleuse en remplaçant les 10 cl d'eau tiède par un mélange fait de 5 cl d'eau et 5 cl de lait. Saupoudrez les ficelles d'une cuillère à café de gros sel juste avant de mettre au four.

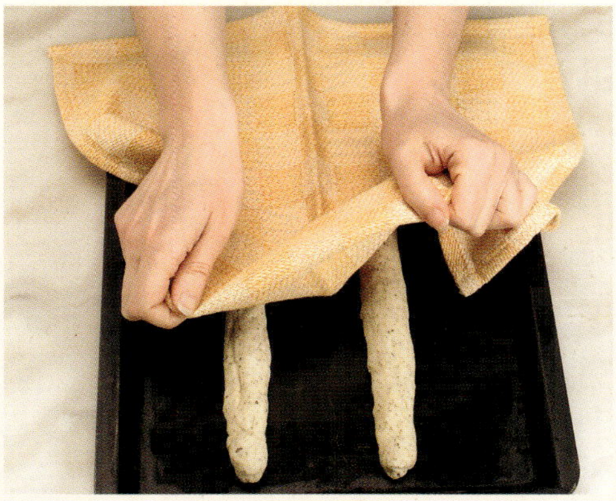

5 2E TEMPS DE REPOS. Placez les ficelles sur une plaque de cuisson légèrement huilée. Couvrez d'un linge et laissez reposer environ 1 h 30 dans un endroit chaud.

6 CUISSON. Préchauffez le four à 240° (th. 8). Badigeonnez les ficelles d'un peu d'huile d'olive. Mettez à cuire environ 15 min., en baissant la température à 210° (th. 7) après 5 min. de cuisson. Laissez refroidir.

Préparation : 20 minutes | *Repos : 3 heures* | *Cuisson : 20 minutes* | *Réalisation : facile* | *Coût : bon marché*

Les torsades
au beurre du Berry

Ces pains très séduisants s'inspirent d'une vieille recette berrichonne. Faciles à préparer, ils seront des compagnons très appréciés lors d'un repas gastronomique. Succès garanti !

1 PRÉPARATION DE LA PÂTE. Émiettez les 8 g de levure dans les 10 cl d'eau tiède. Mélangez les 200 g de farine, la levure délayée, la cuillère à soupe d'huile, la cuillère à café et demie de sel et les 60 g de dés de beurre. Pétrissez la pâte 5 à 6 min.

2 1[ER] TEMPS DE REPOS. Formez une boule de pâte, mettez-la dans un plat creux huilé. Couvrez d'un linge et laissez reposer environ 2 h dans un endroit chaud.

Ingrédients
(pour 4 torsades)

- ✓ *200 g de farine de blé ordinaire tamisée*
- ✓ *8 g de levure fraîche de boulanger*
- ✓ *10 cl d'eau tiède*
- ✓ *1 cuillère à soupe d'huile*
- ✓ *1,5 cuillère à café de sel fin*
- ✓ *60 g de beurre en dés + 20 g*

3 FAÇONNAGE. Repliez plusieurs fois la pâte. Étalez-la en un grand rectangle. Découpez 4 bandelettes de 4 cm de large. Faites des torsades avec ces bandelettes.

4 2[E] TEMPS DE REPOS. Disposez les torsades de pain sur une plaque de four légèrement farinée en veillant à bien les espacer. Couvrez d'un linge et laissez reposer environ 1 h dans un endroit chaud.

›ASTUCE

Vous apporterez une petite note croustillante très agréable en saupoudrant, avant la mise au four, les torsades de pain d'un mélange de gros sel et de graines de sésame, ou encore de graines de pavot ou de cumin. Amusez-vous à varier les parfums dans une même fournée. Vos invités seront ravis !

5 FINITION. Préchauffez le four à 240° (th. 8). Badigeonnez les torsades de pain d'un peu de beurre fondu.

6 CUISSON. Placez un bol d'eau dans le bas du four. Mettez à cuire environ 20 min. Laissez refroidir sur une grille.

Les pains du monde

Préparation : 20 minutes | Repos : 2 heures 15 | Cuisson : 25 minutes | Réalisation : facile | Coût : bon marché

La baguette *viennoise*

Invitez ce pain traditionnel viennois à votre table ! Café, chocolat, confitures, beurre, charcuteries, œufs au plat, une valse virevoltante de plaisirs pour un petit déjeuner varié et très complet !

1 Préparation. Versez les 20 cl d'eau tiède dans un bol et délayez les 15 g de levure fraîche. Découpez les 50 g de beurre en dés.

2 Mélange. Versez les 450 g de farine dans un saladier et ajoutez la levure délayée, l'œuf, les dés de beurre et les 3 cuillères à soupe de sucre en poudre. Mélangez bien. Versez les 2 cuillères à café de sel.

Ingrédients
(pour 2 pains)

- ✓ *450 g de farine de blé ordinaire tamisée*
- ✓ *1 œuf*
- ✓ *50 g de beurre ramolli*
- ✓ *15 g de levure fraîche de boulanger*
- ✓ *20 cl d'eau tiède (environ 25°)*
- ✓ *3 cuillères à soupe de sucre en poudre*
- ✓ *2 cuillères à café de sel fin*

3 Pétrissage. Pétrissez la pâte avec les mains pendant 10 min. Formez une boule lisse et homogène.

4 Temps de repos. Déposez la pâte dans un plat creux, couvrez d'un linge et laissez reposer 45 min. dans un endroit chaud à l'abri des courants d'air. La pâte gonflera doucement.

›ASTUCE

Avec la même pâte, vous pouvez façonner 2 pains viennois. Pour cela, il vous suffit de leur donner une forme un peu plus courte et plus large que pour des baguettes. Vous pouvez aussi badigeonner le dessus d'un peu d'œuf battu mélangé à 2 cuillères à soupe d'eau avant la cuisson.

5 Façonnage. Déposez la pâte sur un plan de travail fariné et rompez-la plusieurs fois avec les mains. Façonnez avec vos mains farinées 2 baguettes. Rangez-les sur une plaque de four farinée. Couvrez d'un linge et laissez reposer dans un endroit chaud pendant 1 h 30.

6 Cuisson. Préchauffez le four à 240° (th. 8). Déposez un bol d'eau tiède dans le four. Badigeonnez d'eau. Mettez au four environ 25 min. en baissant la température à 210° (th. 7) les 10 dernières minutes. Laissez refroidir sur une grille.

Préparation : 30 minutes | Repos : 1 heure 30 | Cuisson : 30 minutes | Réalisation : facile | Coût : assez cher

La focaccia
au fromage et au basilic

Mettez le soleil à votre table et goûtez cette spécialité italienne en compagnie de vos amis. Vous la savourerez à l'heure de l'apéritif, confortablement installés à l'ombre des oliviers, avec un verre de rosé léger servi bien frais.

Ingrédients
(pour 1 focaccia)

Pour la pâte :
- ✓ *480 g de farine de blé ordinaire tamisée*
- ✓ *2 cuillères à soupe d'huile d'olive*
- ✓ *25 cl d'eau tiède*
- ✓ *15 g de levure fraîche de boulanger*
- ✓ *2 cuillères à café de sel*

Pour la garniture :
- ✓ *200 g de gorgonzola*
- ✓ *une douzaine de feuilles de basilic*
- ✓ *4 brins de thym*
- ✓ *huile d'olive et poivre du moulin*

1 Préparation de la levure. Émiettez les 15 g de levure dans un bol avec 2 cuillères à soupe d'eau tiède.

2 Préparation de la pâte. Versez les 480 g de farine tamisée dans un saladier. Incorporez peu à peu les 25 cl d'eau, la levure diluée, les 2 cuillères à soupe d'huile d'olive puis les 2 cuillères à café de sel. Pétrissez la pâte 10 min.

3 Temps de repos. Formez une boule de pâte, déposez-la dans un saladier aux parois huilées et couvrez d'un linge. Laissez reposer 1 heure environ dans un endroit chaud à l'abri des courants d'air. Préchauffez le four à 210° (th. 7).

4 Préparation de la garniture. Découpez les 200 g de gorgonzola en petits dés. Lavez et essuyez les feuilles de basilic puis hachez-les.

5 Façonnage. Travaillez la pâte 2 min. environ. Coupez-la en deux parts. Étalez-la en 2 rectangles d'environ 25 cm de long. Déposez un rectangle de pâte sur une plaque de four huilée et farinée. Parsemez de dés de gorgonzola, des feuilles de basilic hachées et de brins de thym. Poivrez.

6 Cuisson. Couvrez avec le 2e rectangle de pâte et soudez les bords. Imprimez les doigts dans la pâte, couvrez d'un linge et laissez reposer 30 min. Badigeonnez d'huile d'olive et mettez au four pendant environ 30 min. Servez chaud.

›ASTUCE

Vous pouvez varier les saveurs de votre focaccia en mêlant deux farines différentes. Prenez par exemple une farine de blé ordinaire et mélangez-la pour moitié à une farine complète ou bien ajoutez 2 cuillères à soupe de germes de blé à votre farine. Utilisez une huile d'olive parfumée au thym ou au piment pour relever le goût de votre pâte.

Préparation : 20 minutes | Repos : 3 heures | Cuisson : 40 minutes | Réalisation : facile | Coût : assez cher

Le gros pain *canadien*

Invitez nos cousins du Québec à votre table avec ce beau et robuste pain. Enrichi de farines mélangées et de flocons d'avoine, il offre ses saveurs franches et typées à tous les amateurs de mie moelleuse. Un pain à apprécier avec une soupe de légumes du jardin.

1 Préparation de la pâte. Émiettez les 12 g de levure dans 10 cl d'eau tiède. Versez les 2 farines dans un saladier. Ajoutez la levure délayée, le reste d'eau, les 2 cuillères à soupe d'huile, les 80 g de flocons d'avoine, les 3 cuillères à soupe de sirop d'érable et le sel. Mélangez.

2 Pétrissage. Pétrissez la pâte environ 8 à 10 min. Ajoutez éventuellement un peu d'eau ou de farine pour obtenir une consistance souple et homogène.

3 1er temps de repos. Formez une boule de pâte, mettez-la dans un plat creux huilé. Couvrez d'un linge et laissez reposer 1 h dans un endroit chaud à l'abri des courants d'air.

4 Façonnage. Travaillez la pâte quelques instants. Huilez légèrement le moule. Formez un boudin de pâte. Placez-le dans le moule. Saupoudrez des deux cuillères à soupe de flocons d'avoine.

5 2e temps de repos. Couvrez le pain d'un linge et laissez reposer 2 h dans un endroit chaud à l'abri des courants d'air.

6 Cuisson. Préchauffez le four à 240° (th. 8). Placez un bol d'eau dans le bas du four. Mettez le pain à cuire environ 40 min., en baissant la température à 210° (th. 7) les 10 dernières minutes. Laissez refroidir avant de démouler sur une grille.

Ingrédients
(pour 1 pain)

- ✓ *150 g de farine de blé ordinaire*
- ✓ *160 g de farine de blé complète*
- ✓ *80 g de flocons d'avoine + 2 cuillères à soupe*
- ✓ *2 cuillères à soupe d'huile de tournesol*
- ✓ *3 cuillères à soupe de sirop d'érable*
- ✓ *18 cl d'eau tiède*
- ✓ *12 g de levure fraîche de boulanger*
- ✓ *2 cuillères à café de sel*

Ustensile

- ✓ *1 moule à cake d'environ 24 cm*

›VARIATION

Vous pouvez ajouter une petite touche croustillante à votre pain en badigeonnant le dessus d'une cuillère à soupe de sirop d'érable à l'aide d'un pinceau juste avant de le mettre au four. N'hésitez pas à augmenter ou à diminuer la quantité de sirop d'érable dans la pâte selon votre goût et vos envies !

Le pain américain
aux carottes et au persil

Goûtez ce pain traditionnel venu des États-Unis. Riche et moelleux, il se mange nature ou encore découpé en tranches un peu épaisses garnies d'une fine couche de beurre frais. Un vrai régal de gourmand…

1 PRÉPARATION. Préchauffez le four à 180° (th. 6). Versez les 125 g de farine de maïs et les 125 g de farine de blé dans un saladier avec la cuillère à café de levure et la cuillère à soupe de sucre. Mélangez.

2 PRÉPARATION DES CAROTTES. Épluchez et râpez les 200 g de carottes.

3 MÉLANGE. Versez dans un 2e saladier les carottes râpées, les 5 cl d'huile, les 25 cl de crème, les 2 œufs, la cuillère à café et demie de sel, les 2 cuillères à soupe de persil haché, les 2 cuillères à soupe de fines herbes hachées. Mélangez.

4 INCORPORATION. Incorporez le mélange à base de carottes dans le saladier qui contient le mélange de farines.

5 REMPLISSAGE DU MOULE. Beurrez légèrement le moule. Remplissez-le de pâte. Lissez le dessus avec une spatule.

6 CUISSON. Mettez au four pendant environ 50 min. Laissez tiédir quelques instants, puis démoulez et laissez refroidir sur une grille.

Ingrédients
(pour 1 pain)

- ✓ 125 g de farine de blé tamisée
- ✓ 125 g de farine de maïs
- ✓ 1 cuillère à café de levure chimique
- ✓ 1 cuillère à soupe de sucre en poudre
- ✓ 200 g de carottes
- ✓ 25 cl de crème fraîche
- ✓ 2 œufs
- ✓ 5 cl d'huile
- ✓ 1, 5 cuillère à café de sel
- ✓ 2 cuillères à soupe de persil haché
- ✓ 2 cuillères à soupe de fines herbes hachées

Ustensile
- ✓ un moule à cake

›ASTUCE
Vous pouvez déguster ce pain aux carottes encore chaud, tout juste sorti du four, ou bien le goûter froid, découpé en tranches un peu épaisses.
Si vous n'avez pas de farine de maïs dans votre cuisine, confectionnez le pain avec votre farine de blé habituelle. Cela sera aussi très bon !
Et pour intensifier les saveurs, pourquoi ne pas ajouter une gousse d'ail hachée dans la pâte ?

Préparation : 20 minutes | *Repos : 2 heures 30* | *Cuisson : 35 minutes* | *Réalisation : facile* | *Coût : bon marché*

Le pain écossais à l'avoine

Ce pain très sain et très nature nous vient d'Écosse ! Avec son bon goût de flocons d'avoine, il convient parfaitement à un petit déjeuner convivial et chaleureux ! À essayer aussi avec quelques tranches de saumon sauvage !

1 Préparation. Émiettez les 12 g de levure dans les 10 cl d'eau tiède.

2 Mélange. Versez les 200 g de farine de blé, les 150 g de farine de blé semi-complète et les 120 g de flocons d'avoine dans un saladier. Mélangez.

Ingrédients
(pour 1 pain)

- ✓ *200 g de farine de blé ordinaire tamisée*
- ✓ *150 g de farine de blé semi-complète*
- ✓ *120 g de flocons d'avoine + 2 cuillères à soupe*
- ✓ *12 g de levure fraîche de boulanger*
- ✓ *10 cl d'eau tiède*
- ✓ *15 cl de lait tiède*
- ✓ *2 cuillères à soupe d'huile*
- ✓ *2 cuillères à café de sel*

Ustensile

- ✓ *un moule à cake d'environ 24 cm*

3 Finition de la pâte. Ajoutez la levure délayée, les 15 cl de lait tiède, les 2 cuillères à soupe d'huile et les 2 cuillères à café de sel et mélangez bien. Pétrissez la pâte environ 8 à 10 min.

4 Temps de repos. Mettez la pâte dans un plat creux huilé. Couvrez d'un linge et laissez reposer dans un endroit chaud environ 1 h.

›VARIATION

Vous pouvez donner encore plus de moelleux à votre pâte en incorporant 2 cuillères à soupe de beurre mou dans la pâte au moment où vous ajoutez le lait et l'huile à la farine. D'autre part, le pain gagnera en croustillant si vous parsemez le dessus de deux ou trois cuillères à soupe de fromage rapé.

5 Façonnage. Huilez légèrement le moule. Pliez plusieurs fois la pâte. Donnez-lui la forme d'un long boudin. Posez-la dans le moule. Couvrez d'un linge et laissez au chaud environ 1 h 30. Préchauffez le four à 240° (th. 8).

6 Cuisson. Placez un bol d'eau dans le bas du four. Saupoudrez le dessus du pain des 2 cuillères à soupe de flocons d'avoine. Mettez à cuire environ 35 min., en baissant la température à 210° (th. 7) les 10 dernières minutes. Laissez tiédir et démoulez sur une grille.

Préparation : 15 minutes | Repos : 1 heure 30 | Cuisson : 35 minutes | Réalisation : facile | Coût : assez cher

Le pain *espagnol*

Mettez de l'ambiance à votre table et vivez à l'heure espagnole ! Huile d'olive et farine de maïs, les meilleurs produits du terroir relèvent agréablement les saveurs de ce pain traditionnel. Un pain à déguster accompagné d'un beau jambon sec.

1 PRÉPARATION. Émiettez les 15 g de levure dans les 18 cl d'eau tiède.

2 MÉLANGE . Versez les 250 g de farine de blé, les 140 g de farine complète et les 60 g de farine de maïs dans un saladier. Mélangez. Ajoutez les 2 cuillères à café de sel, les 5 cl d'huile d'olive et la levure délayée.

Ingrédients
(pour 1 pain)

- ✓ *250 g de farine de blé ordinaire tamisée*
- ✓ *140 g de farine complète*
- ✓ *60 g de farine de maïs + 2 cuillères à soupe*
- ✓ *15 g de levure fraîche de boulanger*
- ✓ *5 cl d'huile d'olive*
- ✓ *18 cl d'eau tiède*
- ✓ *2 cuillère à café de sel*
- ✓ *1 cuillère à soupe de graines de tournesol*

3 PÉTRISSAGE. Pétrissez la pâte environ 10 min. Ajoutez un peu d'eau ou de farine si nécessaire. Formez une boule, mettez-la dans un plat creux légèrement huilé.

4 FAÇONNAGE. Couvrez d'un linge et laissez reposer 45 min. dans un endroit chaud. Travaillez la pâte quelques instants et incorporez la cuillère à soupe de graines de tournesol. Formez un pain rond. Placez les doigts sur le dessus et formez une petite spirale en pointe.

5 TEMPS DE REPOS. Couvrez d'un linge et laissez reposer 45 min. dans un endroit chaud. Saupoudrez une plaque de four d'une cuillère à soupe de farine de maïs. Préchauffez le four à 240° (th. 8).

6 CUISSON. Saupoudrez le pain d'une cuillère à soupe de farine de maïs. Placez un bol d'eau dans le bas du four. Mettez à cuire environ 35 min., en baissant la température à 210° (th. 7) les 10 dernières minutes. Laissez refroidir sur une grille.

› LE SAVIEZ-VOUS ?

La farine de maïs est fabriquée à partir de grains séchés. Si les grains sont entiers – c'est-à-dire avec le germe qui contient les éléments nutritifs –, la farine de maïs est riche en oligoéléments (magnésium, potassium, phosphore, fer, zinc), en vitamine A et B6. Pour confectionner des pâtes levées (brioches, cakes, pains), il faut lui ajouter aussi une quantité de farine de blé, plus riche en gluten, qui permet aux pâtes de gonfler à la cuisson.

Préparation : 15 minutes | *Repos : 30 minutes* | *Cuisson : 30 minutes* | *Réalisation : facile* | *Coût : bon marché*

Le pain *grec*

Invitez la Grèce à votre table en confectionnant ce pain goûteux. Rapide à réaliser, vous pourrez le préparer juste avant le repas. Son délicat parfum de sésame séduira tous vos convives.

1 Préparation. Versez les 12 cl d'eau tiède dans un bol et délayez les 8 g de levure fraîche.

2 Pétrissage. Dans un saladier, versez les 250 g de farine et ajoutez la levure délayée, la cuillère à café de sel fin et la pincée de sucre en poudre. Mélangez bien. Pétrissez la pâte avec les mains pendant 5 min.

Ingrédients
(pour 4 à 6 personnes)

- ✓ *250 g de farine de blé ordinaire tamisée*
- ✓ *8 g de levure fraîche de boulanger*
- ✓ *12 cl d'eau tiède (environ à 30°)*
- ✓ *1 jaune d'œuf*
- ✓ *1 cuillère à soupe d'huile d'olive*
- ✓ *1 cuillère à soupe de graines de sésame*
- ✓ *1 cuillère à café de sel fin*
- ✓ *1 pincée de sucre en poudre*

3 Temps de repos. Déposez la pâte dans un plat creux légèrement huilé, couvrez d'un linge et laissez reposer 30 min. dans un endroit chaud à l'abri des courants d'air.

4 Façonnage. Étalez la pâte en une galette sur une plaque de four farinée.

› DÉGUSTATION

Servez ce pain avec un authentique repas grec traditionnel : une salade de tomates, concombres et féta, quelques olives parfumées à l'huile en entrée, une moussaka en plat principal et des douceurs sucrées comme un baklava au dessert. Vous pourrez servir de l'ouzo, au délicat petit parfum anisé, en boisson.

5 Finition. Mélangez le jaune d'œuf, la cuillère à soupe d'huile et badigeonnez le pain. Répartissez les graines de sésame.

6 Cuisson. Préchauffez le four à 210° (th. 7). Déposez un bol d'eau tiède dans le bas du four. Mettez à cuire 30 min. Laissez refroidir sur une grille.

Le pain *irlandais*

Offrez un pain qui sent bon les terres de Galdwin et le Connemara. Ce pain rustique irlandais est tissé d'histoires qui parlent des marins, de l'exil et de la grande famine. Une recette au cœur grand comme l'Irlande.

Ingrédients
(pour 1 pain)

- ✓ *250 g de farine de blé ordinaire tamisée*
- ✓ *250 g de farine complète*
- ✓ *15 g de levure fraîche de boulanger*
- ✓ *10 cl d'eau tiède*
- ✓ *10 cl de lait tiède*
- ✓ *2 cuillères à café de sel fin*

1 PRÉPARATION DE LA LEVURE. Émiettez les 15 g de levure fraîche dans les 10 cl d'eau tiède et les 10 cl de lait tiède.

2 MÉLANGE. Versez dans un saladier les 250 g de farine de blé ordinaire et les 250 g de farine complète. Mélangez. Ajoutez la levure diluée, les 2 cuillères à café de sel et mélangez.

3 PÉTRISSAGE. Pétrissez la pâte environ 10 à 12 min.

4 1ER TEMPS DE REPOS. Donnez à votre pâte la forme d'une boule et mettez-la dans un plat creux légèrement huilé. Couvrez d'un linge et laissez gonfler environ 1 h 30 dans un endroit chaud à l'abri des courants d'air.

5 2E TEMPS DE REPOS. Rompez la pâte plusieurs fois avec les mains. Formez une boule et mettez-la sur une plaque de four légèrement huilée et farinée. Couvrez d'un linge et laissez reposer environ 2 h.

CUISSON. Préchauffez le four à 240° (th. 8). Placez un bol d'eau dans le bas du four. Incisez le dessus du pain en forme de croix. Badigeonnez d'un peu d'eau et saupoudrez d'un peu de farine. Mettez à cuire 40 min. en baissant la température à 210° (th. 7) les 10 dernières minutes.

› DÉGUSTATION

Servez le pain à l'irlandaise découpé en tranches larges avec du beurre fermier ou une crème fraîche épaisse. Vous pouvez aussi préparer un irish stew, le délicieux plat irlandais fait de bœuf et de pommes de terre longuement mijotés en cocotte. N'oubliez pas de servir avec une bonne bière Guinness !

Préparation : 25 minutes | *Repos : 3 heures* | *Cuisson : 35 minutes* | *Réalisation : facile* | *Coût : bon marché*

Le pain *italien*

Ce pain traditionnel venu d'Italie séduira vos invités ! Sa mie délicieusement moelleuse en fera l'allié de vos plateaux de charcuteries et de fromages. Son léger croquant au bon goût de sel de mer relèvera les salades et les plats de crudités.

1 PRÉPARATION DE LA LEVURE. Versez 18 cl d'eau tiède dans un bol et délayez les 12 g de levure fraîche.

2 PRÉPARATION DE LA PÂTE. Versez dans un saladier les 400 g de farine et la levure délayée. Mélangez bien. Incorporez les 3 cuillères à soupe d'huile d'olive et la cuillère et demie à café de sel. Pétrissez pendant 10 min. environ. Ajoutez éventuellement un peu de farine.

3 1ER TEMPS DE REPOS. Formez une boule lisse et homogène. Mettez la pâte dans un plat creux légèrement huilé, couvrez d'un linge et laissez reposer 1 h dans un endroit chaud à l'abri des courants d'air. La pâte gonflera doucement.

4 FAÇONNAGE. Posez la pâte sur un plan de travail fariné et rompez-la plusieurs fois avec les mains. Formez un pain allongé.

5 2E TEMPS DE REPOS. Placez-le pain sur une plaque de four légèrement huilée et farinée. Couvrez d'un linge et laissez reposer dans un endroit chaud pendant 2 h.

6 CUISSON. Préchauffez le four à 240° (th. 8). Placez un bol d'eau dans le bas du four. Incisez le dessus du pain. Saupoudrez de gros sel. Mettez le pain au four pendant environ 35 min. en baissant la température à 210° (th. 7) pour les 15 dernières minutes. Laissez refroidir sur une grille.

Ingrédients
(pour 1 pain)

- ✓ *400 g de farine de blé ordinaire tamisée*
- ✓ *12 g de levure fraîche de boulanger*
- ✓ *18 cl d'eau tiède (environ 25°)*
- ✓ *3 cuillères à soupe d'huile d'olive*
- ✓ *1 cuillère à soupe de gros sel*
- ✓ *1,5 cuillère à café de sel fin*

›ASTUCE

Pour préparer votre pain italien, utilisez un sel de mer, naturellement iodé et riche en oligo-éléments. Mais vous pouvez aussi enrichir les parfums du gros sel en le mélangeant avec une demi-cuillère à café de grains de poivre noir concassé ou encore en ajoutant une bonne pincée de piment en poudre séché. À vous de choisir la force de votre piment : doux, fort ou très fort !

Préparation : 20 minutes | *Repos : aucun* | *Cuisson : 45 minutes* | *Réalisation : facile* | *Coût : assez cher*

Le pain mexicain *au maïs*

Imaginez un vrai repas tex-mex, avec un bon chili con carne ou des dés de poulets grillés servis avec une sauce tomate bien épicée ! Arrosez le tout d'une bonne bière et proposez ce succulent pain au maïs. Succès garanti !

1 PRÉPARATION. Préchauffez le four à 180° (th 6). Beurrez légèrement le moule. Épluchez l'oignon et hachez-le.

2 CUISSON DE L'OIGNON. Faites chauffer une cuillère à soupe d'huile dans une poêle et mettez l'oignon haché. Faites-le doucement revenir pendant quelques minutes. Salez et poivrez.

3 MÉLANGE. Versez les 200 g de farine de maïs et les 100 g de farine de blé dans un saladier. Ajoutez le demi-sachet de levure chimique. Mélangez. Incorporez les 2 cuillères à café de sel et la demi-cuillère à café de piment en poudre.

4 INCORPORATION. Versez les 15 cl de lait et les 10 cl de crème dans un bol et fouettez. Ajoutez les 2 œufs et le jaune dans le mélange crème-lait, puis les 5 cl d'huile de tournesol.

5 FINITION. Incorporez le mélange crémeux dans les farines. Ajoutez les 100 g de fromage râpé et l'oignon haché. Mélangez bien.

6 CUISSON. Versez la pâte dans le moule. Saupoudrez de fromage râpé. Mettez à cuire environ 45 min. Laissez tiédir, puis démoulez sur une grille.

Ingrédients
(pour 1 pain)

- ✓ *100 g de farine de blé ordinaire tamisée*
- ✓ *200 g de farine de maïs tamisée*
- ✓ *100 g de fromage râpé + 1 cuillère à soupe*
- ✓ *1 gros oignon*
- ✓ *15 cl de lait entier*
- ✓ *10 cl de crème fraîche liquide*
- ✓ *5 cl d'huile de tournesol + 1 cuillère à soupe*
- ✓ *2 œufs + 1 jaune*
- ✓ *2 cuillères à café de sel*
- ✓ *1/2 cuillère à café de piment en poudre*
- ✓ *1/2 sachet de levure chimique*
- ✓ *sel et poivre du moulin*
- ✓ *10 g de beurre*

Ustensile

- ✓ *un moule à cake d'environ 24 cm*

› VARIANTE

Pour renforcer les saveurs pimentées de votre pain, vous pouvez laisser infuser une ou deux pincées de piment en poudre dans la crème fraîche. Portez d'abord au frémissement, puis ôtez du feu la casserole contenant la crème et laissez infuser à couvert durant une quinzaine de minutes. Vous obtiendrez alors un pain aux saveurs très épicées, comme les apprécient les Mexicains.

Préparation : 25 minutes | Repos : 12 heures + 4 heures 30 | Cuisson : 35 minutes | Réalisation : facile | Coût : assez cher

Le pain *tzigane*

C'est la fête entre amis ! Préparez pour l'occasion un pain moelleux, riche en goût, qui comblera tous vos convives ! Ce pain tzigane au bon goût de seigle est aussi parfait pour les voyages et les pique-niques.

1 PRÉPARATION. Versez 10 cl d'eau tiède dans un bol et délayez 50 g de farine de seigle. Laissez reposer 12 h.

2 MÉLANGE. Émiettez les 10 g de levure dans 10 cl d'eau tiède, ajoutez la cuillère et demie de sel et la pâte fermentée.

Ingrédients
(pour 1 pain)

- ✓ *200 g de farine de blé ordinaire tamisée*
- ✓ *75 g de farine de seigle tamisée*
- ✓ *20 cl d'eau tiède*
- ✓ *10 g de levure fraîche de boulanger*
- ✓ *1,5 cuillère à café de sel fin*

3 FINITION DE LA PÂTE. Incorporez les 200 g de farine de blé et travaillez la pâte. Ajoutez le restant de farine de seigle.

4 FARINAGE ET 1ER TEMPS DE REPOS. Formez une boule de pâte, mettez-la dans un saladier légèrement huilé, saupoudrez d'un peu de farine, couvrez d'un linge et laissez gonfler dans un endroit chaud pendant 3 h.

›ASTUCE

Vous pouvez éventuellement ajouter 1 cuillère à café de sucre en poudre à votre pâte ou encore 2 cuillères à café de miel toutes fleurs pour adoucir son léger goût aigrelet. Vous pouvez aussi inciser légèrement le dessus de votre pain en forme de croix juste avant de le mettre au four.

5 FAÇONNAGE ET 2E TEMPS DE REPOS. Travaillez la pâte 3 min. et façonnez un pain de forme ronde. Placez le pain sur une plaque de four légèrement farinée. Laissez reposer dans un endroit chaud 1 h 30.

6 CUISSON. Préchauffez le four à 240° (th. 8). Placez un bol d'eau tiède dans le bas de votre four. Badigeonnez la surface du pain d'un peu d'eau. Mettez à four chaud environ 35 min. en baissant la température à 210° (th. 7) les 10 dernières minutes. Laissez refroidir.

Préparation : 1 heure | *Repos : 3 heures 45* | *Cuisson : 20 minutes* | *Réalisation : assez facile* | *Coût : assez cher*

Les bagels

Ces petits pains troués d'origine juive ont suivi les émigrants polonais à New York, où ils ont acquis leur notoriété. Selon la tradition, on les mange avec du saumon fumé et de la crème fraîche, ou du fromage frais. Mais la variété de leur assaisonnement, sucré ou salé, en fait de délicieux pains pour toutes sortes de sandwiches.

Ingrédients
(pour environ 20 bagels)

- ✓ *400 g de farine de blé ordinaire tamisée*
- ✓ *15 g de levure fraîche de boulanger*
- ✓ *20 cl de lait*
- ✓ *1 cuillère à café de sucre en poudre*
- ✓ *1 cuillère à café de sel*
- ✓ *1 œuf*
- ✓ *2 cuillères à soupe de beurre fondu (environ 30 g)*

Pour la garniture, au choix :

- ✓ *graines de pavot, de sésame*
- ✓ *gros sel*
- ✓ *raisins et cannelle*

1 PRÉPARATION. Délayez les 15 g de levure dans les 20 cl de lait. Dans un bol à part, séparez le jaune du blanc de l'œuf et battez ce dernier légèrement. Réservez le jaune pour dorer les pains.

2 MÉLANGE. Dans un saladier, mettez les 400 g de farine et la cuillère à café de sel, creusez un puits au centre. Versez la levure délayée dans le lait, puis la cuillère à café de sucre, les 2 cuillères à soupe de beurre fondu et, enfin, le blanc d'œuf. Mélangez souplement.

3 PÉTRISSAGE. Au début, la pâte est molle. Pétrissez pendant 10 min. pour qu'elle devienne élastique. Formez une boule, couvrez d'un linge et laissez reposer 3 h à température ambiante. Vérifiez que la pâte a bien levé. Pétrissez-la à nouveau pour la faire retomber.

4 MISE EN FORME. Divisez la pâte en deux et façonnez deux boudins que vous détaillerez en dix morceaux. Roulez des petites boules entre vos mains farinées. Enfoncez un doigt au centre des bagels et élargissez le trou afin d'en faire de petites couronnes. Aplatissez-les légèrement.

5 PRÉPARATION À LA CUISSON. Couvrez les bagels d'un linge et laissez lever 45 min. à température ambiante. Préchauffez le four à 200° (th. 6-7). Portez à ébullition une grande casserole d'eau. Plongez les bagels par 3 pendant 30 sec. Retirez-les avec une écumoire.

6 DÉCORATION ET CUISSON. Égouttez-les, puis disposez-les sur la plaque graissée. Badigeonnez-les avec le jaune d'œuf battu et délayé dans un peu d'eau. Parsemez-les de la garniture choisie. Faites-les cuire 20 min., jusqu'à ce qu'ils soient bien dorés et gonflés. Laissez-les refroidir ou servez-les tièdes.

Préparation : 20 minutes | *Repos : 1 heure 20* | *Cuisson : 8 minutes* | *Réalisation : facile* | *Coût : bon marché*

Les pains *indiens*

Découvrez les délices de la cuisine indienne. Ces pains traditionnels que l'on appelle des « naans » sont très faciles à préparer. Pourquoi ne pas en profiter pour confectionner des brochettes de poulet tikka et inviter tous vos amis ?

1 PRÉPARATION. Versez les 15 cl de lait tiède dans un bol et délayez les 20 g de levure fraîche.

2 PÉTRISSAGE. Versez les 450 g de farine dans un saladier et ajoutez la levure délayée. Mélangez bien. Versez la cuillère et demie à café de sel, les 2 cuillères à café de sucre en poudre, l'œuf, le yaourt et les 2 cuillères à soupe d'huile. Pétrissez la pâte avec les mains pendant 10 min.

Ingrédients
(pour 6 pains)

- *450 g de farine de blé ordinaire tamisée*
- *15 cl de lait tiède*
- *1 yaourt tempéré*
- *1 œuf*
- *50 g de beurre*
- *20 g de levure fraîche de boulanger*
- *2 cuillères à café de sucre en poudre*
- *2 cuillères à soupe d'huile*
- *1,5 cuillère à café de sel fin*

3 TEMPS DE REPOS. Déposez la pâte qui doit être lisse et homogène, dans un plat creux huilé, couvrez d'un linge et laissez reposer 1 h dans un endroit chaud à l'abri des courants d'air. La pâte va doucement gonfler.

4 FAÇONNAGE. Travaillez la pâte quelques instants, puis partagez-la en 6 parts égales. Formez 6 petites boules de pâte. Préchauffez le four à 240° (th. 8).

› DÉGUSTATION

Ces délicieux petits pains se servent généralement chauds. Quand vous les confectionnez, réservez-les au fur et à mesure dans votre four à 60° (th. 2) couverts d'une feuille de papier aluminium. Disposez-les ensuite sur la table, enveloppés dans une serviette. Ils accompagnent parfaitement les plats en sauce et les brochettes.

5 2

5 2E TEMPS DE REPOS. Rangez les pains sur une plaque de four farinée. Couvrez d'un linge et laissez reposer dans un endroit chaud pendant 15-20 min. Faites fondre les 50 g de beurre dans une petite casserole à fond épais. Placez une autre plaque de four vide dans le four préchauffé.

6 CUISSON. Aplatissez les boules à la main (la longueur de chaque pain est d'environ 25 cm et la largeur de 13 cm) puis badigeonnez-les d'un peu de beurre fondu. Posez les pains sur la plaque de four chauffée. Mettez à four chaud environ 10 min. Servez aussitôt.

Les parathas

*Ce soir, imaginez une soirée indienne pour vos amis !
Vous leur proposerez ces délicieux pains plats croustillants pour accompagner un poulet et un riz parfumés au curry doux.*

Ingrédients
(pour 8 parathas)

- ✓ 220 g de farine de blé ordinaire tamisée
- ✓ 12 cl d'eau tiède
- ✓ 80 g de beurre fondu
- ✓ 1 cuillère à soupe d'huile de tournesol
- ✓ 1 cuillère à café de sel

1 PRÉPARATION. Versez les 220 g de farine de blé ordinaire dans un saladier. Ajoutez la cuillère à soupe d'huile, la cuillère à café de sel et les 12 cl d'eau. Mélangez ; la pâte doit être souple et élastique. Travaillez-la environ 1 min.

2 TEMPS DE REPOS. Mettez la pâte dans un plat creux légèrement huilé. Couvrez d'un linge et laissez reposer environ 30 min. dans un endroit chaud.

3 DÉBUT DU FAÇONNAGE. Divisez la pâte en 8 petites boules. Étalez chaque boule en un disque d'environ 12 cm de diamètre. Badigeonnez de beurre fondu chaque disque de pâte avec un pinceau.

4 FAÇONNAGE. Pliez un disque en deux. Badigeonnez de beurre fondu et repliez pour former un triangle. Procédez de la même manière avec le reste de pâte, en prenant soin de couvrir les triangles de pâte d'un linge. Agrandissez chaque triangle de pâte en les aplatissant légèrement avec un rouleau.

5 FINITION. Faites chauffer une poêle huilée. Badigeonnez chaque triangle de pâte d'un peu de beurre fondu.

6 CUISSON. Mettez les triangles, côté beurré en bas, dans la poêle. Laissez dorer 2 min., badigeonnez d'un peu de beurre fondu. Retournez les triangles et laissez dorer 2 min. de l'autre côté. Gardez les pains cuits au chaud dans le four, pendant la cuisson des autres pains. Servez aussitôt.

› ASTUCE

Ces pains sont particulièrement délicieux si vous les préparez juste avant de les servir à table. Ils développent alors au mieux tous leurs arômes de beurre. Faites comme les cuisinières indiennes et ajoutez une ou deux petites pincées de cannelle ou de quatre-épices dans la pâte avant de l'étaler.

Préparation : 20 minutes | *Repos : 50 minutes* | *Cuisson : 20 minutes* | *Réalisation : facile* | *Coût : bon marché*

Les petits pains *marocains*

Vous avez préparé un bon couscous ou un tajine maison ? Alors servez ces petits pains marocains qui donneront toute leur authenticité à votre repas. Des pains d'une saveur exquise qui se dévorent des yeux !

1 PRÉPARATION DE LA LEVURE. Émiettez les 15 g de levure fraîche dans un bol et ajoutez 10 cl d'eau tiède. Laissez reposer environ 15 min.

2 PRÉPARATION DU BEURRE. Découpez les 60 g de beurre en dés et déposez-les dans une petite casserole à fond épais. Faites fondre à feu doux.

Ingrédients
(pour 6 petits pains)

- *500 g de farine de blé ordinaire tamisée*
- *15 g de levure fraîche de boulanger*
- *1 œuf + 1 jaune*
- *60 g de beurre*
- *20 cl d'eau tiède (environ 25°)*
- *1 cuillère à soupe de sucre en poudre*
- *1 cuillère à café de sel fin*

3 MÉLANGE. Versez les 500 g de farine tamisée dans un saladier, creusez un puits et déposez la cuillère à café de sel, l'œuf battu, la cuillère à soupe de sucre en poudre, la levure délayée et les 10 cl d'eau tiède restant. Mélangez, incorporez les 60 g de beurre fondu.

4 FAÇONNAGE. Partagez la pâte en 6 parts et formez de petites boules de même taille.

› DÉGUSTATION

Au Maroc, le pain occupe une place très importante dans l'alimentation. On le déguste à la sortie du four, encore tiède, simplement accompagné d'un peu d'huile d'olive. Ou bien encore avec de délicieuses petites salades de courgettes, de concombres, de tomates au miel, de poivrons et de tomates grillées parfumées à l'ail, ou de fèves fraîches au cumin.

5 TEMPS DE REPOS. Déposez les boules de pâte sur une plaque de four légèrement huilée et farinée, couvrez d'un linge et laissez gonfler dans un endroit chaud pendant environ 35 min.

6 CUISSON. Préchauffez le four à 210° (th. 7). Badigeonnez le dessus des petits pains d'un peu de jaune d'œuf battu en vous aidant d'un pinceau. Mettez à cuire environ 20 min.

Préparation : 35 minutes | Repos : 2 heures + 24 heures | Cuisson : 22 minutes | Réalisation : facile | Coût : bon marché

Les petits pains *suédois*

Venus de Suède, ces délicieux et craquants petits pains enchanteront tous les gourmands. Faciles à conserver et à servir, quel que soit le moment de la journée, c'est sûr, vous allez les apprécier !

1 PRÉPARATION DE LA PÂTE. Délayez dans un bol les 25 cl d'eau tiède et les 15 g de levure fraîche. Mélangez dans un saladier les 500 g de farine, les 2 cuillères à café de sel, les 50 g de beurre ramolli ; ajoutez la levure délayée. Pétrissez la pâte avec les mains pendant 10 min.

2 TEMPS DE REPOS. Mettez la pâte dans un plat creux huilé, couvrez d'un linge et laissez reposer 45 min. dans un endroit chaud à l'abri des courants d'air. La pâte gonflera doucement.

Ingrédients
(pour 16 pains)

- *500 g de farine de blé ordinaire tamisée*
- *15 g de levure fraîche de boulanger*
- *25 cl d'eau tiède (environ 25°)*
- *50 g de beurre ramolli*
- *2 cuillères à café de sel fin*

3 FAÇONNAGE. Travaillez la pâte quelques instants, partagez-la en 16 boules et façonnez de petites navettes de taille régulière.

4 TEMPS DE REPOS. Déposez les navettes sur une plaque de four légèrement farinée en veillant à bien les espacer. Laissez reposer 1 h 15 dans un endroit chaud.

›ASTUCE

Pour donner un petit parfum en plus à vos petits suédois, vous pouvez ajouter 20 g de graines de sésame à votre pâte avant la première cuisson. Au lieu de leur donner une forme allongée, vous pouvez donner à vos pains une forme ronde ou rectangulaire. Les petits suédois se conservent très bien plusieurs jours, rangés dans une boîte à biscuits métallique à l'abri de l'humidité.

5 1RE CUISSON. Préchauffez le four à 210° (th. 7). Placez un bol d'eau tiède dans le bas de votre four. Badigeonnez d'un peu d'eau les navettes de pâte. Mettez à four chaud environ 12 min. Laissez refroidir les petits pains sur une grille.

6 2E CUISSON. Laissez les petits pains reposer pendant 24 h. Déposez-les sur une plaque chaude et mettez-les à griller dans un four préchauffé à 150° (th. 5) pendant une dizaine de minutes. Laissez-les refroidir.

Préparation : 1 heure | Repos : 2 heures | Cuisson : 12 minutes | Réalisation : facile | Coût : bon marché

Les pitas

Les pitas sont de petites galettes de pain plat que l'on mange dans tout le Moyen-Orient. Leur pâte fine et tendre gonfle en cuisant, mais retombe ensuite, formant une sorte de poche que l'on ouvre en deux pour la fourrer de différents mets. Généralement, on farcit les pitas avec des boulettes de viande grillées et des crudités.

Ingrédients
(pour 12 pitas)

- ✓ *450 g de farine de blé ordinaire tamisée*
- ✓ *15 g de levure fraîche de boulanger*
- ✓ *28 cl d'eau tiède (25°)*
- ✓ *2 cuillères à soupe d'huile d'olive*
- ✓ *1 cuillère à café de sel*

1 PRÉPARATION. Dans un saladier, émiettez les 15 g de levure et délayez-les avec les 28 cl d'eau tiède. Incorporez 1 cuillère à soupe d'huile d'olive, puis 150 g de farine. Mélangez bien pour obtenir une sorte de levain lisse et mou. Couvrez d'un linge humide et laissez lever pendant 20 min. à 25°.

2 MÉLANGE. Cette pâte doit avoir doublé de volume. Ajoutez-lui les 300 g de farine restant en les incorporant petit à petit par poignées, puis ajoutez la cuillère à café de sel. Mélangez bien et pétrissez la pâte pendant 10 min. jusqu'à ce qu'elle devienne ferme et lisse.

3 FERMENTATION. Façonnez alors une boule et enduisez-la d'une cuillère à soupe d'huile d'olive. Mettez-la dans un saladier, couvrez d'un linge humide et laissez-la reposer pendant 1 h 30 dans un endroit tempéré (25°).

4 PÉTRISSAGE. Vérifiez que la pâte a bien doublé de volume. Faites-la retomber en l'écrasant avec les poings et en la repliant sur elle-même plusieurs fois. Roulez-la ensuite en un long boudin afin de la diviser en douze morceaux égaux.

5 MODELAGE ET FAÇONNAGE. Formez des boules avec les douze morceaux. Aplatissez-les légèrement. Recouvrez ensuite les galettes d'un torchon sec et laissez reposer 10 min. Lorsque la pâte a gonflé, étalez chaque morceau en une galette d'environ 5 mm d'épaisseur sur 15 cm de diamètre. Préchauffez le four à 240° (th. 8) en conservant la plaque de cuisson à l'intérieur.

6 CUISSON. Lorsque le four est chaud, aspergez un peu d'eau sur la plaque et déposez les pitas. Faites-les cuire 2 à 3 min, puis recommencez avec les suivantes. Mettez-les ensuite sur une grille, laissez-les tiédir et recouvrez-les d'un torchon pour qu'elles restent tendres.

Les pains sucrés

Préparation : 25 minutes | Repos : 2 heures 15 | Cuisson : 35 minutes | Réalisation : facile | Coût : bon marché

La fouace
aux pommes

Essayez cette fouace originale qui allie saveurs sauvages et fraîcheur doucement sucrée des pommes du verger. D'une grande richesse nutritive avec sa garniture de raisins secs, la fouace se déguste dès la sortie du four pour le plus grand bonheur des gourmands.

1 PRÉPARATION DE LA PÂTE. Émiettez les 12 g de levure dans un bol avec les 20 cl d'eau. Versez dans un bol les 400 g de farine et la levure délayée. Mélangez et incorporez les 2 cuillères à soupe d'huile, la cuillère à soupe de sucre en poudre et la 1,5 cuillère à café de sel. Pétrissez pendant 10 min.

2 1ER TEMPS DE REPOS. Formez une boule lisse et homogène. Déposez la pâte dans un plat creux, couvrez d'un linge et laissez reposer 1 h dans un endroit chaud à l'abri des courants d'air. La pâte gonflera doucement.

Ingrédients
(pour 4 à 6 personnes)

- ✓ *400 g de farine de blé ordinaire tamisée*
- ✓ *12 g de levure fraîche de boulanger*
- ✓ *20 cl d'eau tiède (environ 25°)*
- ✓ *80 g de raisins secs*
- ✓ *1 belle pomme*
- ✓ *2 cuillères à soupe d'huile*
- ✓ *1 cuillère à soupe de sucre en poudre*
- ✓ *1, 5 cuillère à café de sel fin*

3 PRÉPARATION DE LA POMME. Épluchez la pomme, coupez-la en quatre, ôtez le cœur et les pépins et découpez-la en fines lamelles.

4 FAÇONNAGE. Travaillez la pâte quelques instants. Étalez-la sur 1 cm d'épaisseur sur une plaque de four légèrement huilée et farinée. Parsemez des 80 g de raisins secs et des tranches de pomme. Rabattez la pâte et formez un grand quadrilatère.

›ASTUCE

On reconnaît une pâte à pain réussie à son aspect – elle doit être lisse et brillante –, à sa texture – elle ne doit pas trop coller aux mains – et à sa souplesse – on doit pouvoir l'étirer facilement sans qu'elle se rompe immédiatement. Pour éviter que les tranches de pomme ne noircissent, découpez-les au dernier moment, juste avant de les incorporer à la pâte à pain.

5 2E TEMPS DE REPOS. Couvrez d'un linge et laissez reposer dans un endroit chaud pendant une heure et quart. Après ce temps de repos, préchauffez le four à 240° (th. 8). Déposez un grand bol d'eau tiède dans le bas de votre four.

6 CUISSON. Enfoncez légèrement les doigts dans la pâte à plusieurs endroits. Badigeonnez le dessus d'un peu d'eau. Mettez le pain à four chaud pendant environ 35 min. en baissant la température à 180° (th. 6) les 15 dernières minutes. Laissez refroidir sur une grille.

Préparation : 20 minutes | Repos : 3 heures | Cuisson : 45 minutes | Réalisation : facile | Coût : assez cher

Le pain raisins,
noix et orange

Ce pain aux raisins, noix et orange confite est un grand classique. Particulièrement généreux en fibres, il vous étonnera aussi par la richesse de ses saveurs. Bourré de vitamines, il se révèle excellent pour tous les sportifs !

1 PRÉPARATION. Versez les 15 g de levure dans les 12 cl d'eau tiède et mélangez. Versez les 300 g de farine de blé et les 150 g de farine complète dans un saladier. Ajoutez la levure délayée, les 100 g de sucre, les 10 cl de lait tiède et la demi-cuillère à café de sel.

2 PÉTRISSAGE. Mélangez bien. Pétrissez la pâte pendant environ 10 min. Formez une boule.

Ingrédients
(pour 4 à 6 personnes)

- ✓ *300 g de farine de blé ordinaire tamisée*
- ✓ *150 g de farine complète*
- ✓ *100 g de sucre cassonade en poudre*
- ✓ *50 g de raisins secs*
- ✓ *60 g de cerneaux de noix*
- ✓ *30 g de dés d'orange confite*
- ✓ *12 cl d'eau*
- ✓ *10 cl de lait*
- ✓ *15 g de levure fraîche de boulanger*
- ✓ *1/2 cuillère à café de sel*
- ✓ *huile*

Ustensile

- ✓ *un moule à cake d'environ 28 cm*

3 1ER TEMPS DE REPOS. Déposez la pâte dans un plat creux aux parois légèrement huilées. Couvrez d'un linge et laissez reposer 1 h dans un endroit chaud à l'abri des courants d'air.

4 INCORPORATION. Huilez légèrement les parois du moule. Incorporez les 50 g de raisins secs, les 60 g de cerneaux de noix et les 30 g de dés d'orange confite dans la pâte. Formez un pain allongé et déposez-le dans le moule.

›VARIATION

Amusez-vous à varier les plaisirs de votre pain, par exemple en mélangeant plusieurs sortes de raisins secs aux saveurs différentes : Malaga, Corinthe, Thompson… Une cuillère à soupe de dés de citron confit complétera délicieusement votre pâte.

5 2E TEMPS DE REPOS. Couvrez d'un linge et laissez reposer dans un endroit chaud à l'abri des courants d'air pendant environ 2 h. Préchauffez le four à 240° (th. 8).

6 CUISSON. Déposez un bol d'eau dans le bas du four. Badigeonnez le dessus du pain d'un peu d'eau. Mettez à cuire environ 45 min. en baissant la température à 210° (th. 7) les 10 dernières minutes. Laissez refroidir sur une grille.

Le pain *au chocolat*

Rien de mieux que ce savoureux pain sucré pour donner du style à la table du petit déjeuner. Riche en saveurs, moelleux et nourrissant, c'est la base idéale pour réussir le premier repas de la journée !

1 PRÉPARATION. Versez 10 cl d'eau tiède dans un bol et délayez les 15 g de levure fraîche. Dans un saladier, versez les 500 g de farine tamisée, creusez un puits et ajoutez la levure délayée, les 60 g de sucre en poudre, les 2 sachets de sucre vanillé, les 15 cl d'eau tiède restant et la 1/2 cuillère à café de sel fin.

2 PÉTRISSAGE. Mélangez tous les ingrédients. Pétrissez la pâte à la main pendant environ 10 min.

Ingrédients
(pour 4 à 6 personnes)

- ✓ *500 g de farine de blé ordinaire tamisée*
- ✓ *100 g de pépites de chocolat*
- ✓ *60 g de sucre en poudre*
- ✓ *2 sachets de sucre vanillé*
- ✓ *25 cl d'eau tiède (25°)*
- ✓ *15 g de levure de boulanger*
- ✓ *1/2 cuillère à café de sel*

Ustensile

- ✓ *1 moule à cake d'environ 28 cm*

3 1ER TEMPS DE REPOS. Déposez la pâte dans un saladier légèrement huilé, couvrez d'un linge et laissez reposer 1 h dans un endroit chaud à l'abri des courants d'air. La pâte gonflera doucement.

4 FAÇONNAGE. Huilez légèrement le moule. Déposez la pâte sur un plan de travail fariné et rompez-la plusieurs fois avec les mains. Incorporez les 100 g de pépites de chocolat. Formez un boudin de pâte et déposez-le dans le moule.

›ASTUCE
Si vous n'avez pas de pépites de chocolat dans vos placards, vous pouvez très bien réaliser la recette en prenant le même poids de chocolat noir. Vous le râperez en vous aidant d'une simple râpe à fromage à trous épais. Vous pouvez aussi choisir de casser le chocolat en très petits morceaux.

5 2E TEMPS DE REPOS. Couvrez d'un linge et laissez reposer dans un endroit chaud pendant encore 2 h. Préchauffez le four à 240° (th. 8).

6 CUISSON. Déposez un grand bol rempli d'eau tiède dans le bas de votre four. Badigeonnez le pain d'un peu d'eau. Mettez à four chaud environ 45 min. en baissant la température à 210° (th. 7) les 10 dernières minutes. Laissez refroidir 15 min. avant de démouler.

Le pain brioché *aux raisins*

Le pain brioché aux raisins est un pain qui nous vient de Belgique, où on l'appelle aussi «cramique». Moins gras et plus ferme que notre brioche, ce pain moelleux se conserve quelques jours. Servi au petit déjeuner ou à l'heure du thé, il est tout aussi délicieux avec de la confiture qu'avec de délicates gelées.

1 La veille. Préparation. Délayez les 10 g de levure avec 5 cl de lait. Faites une fontaine avec les 250 g de farine sur le plan de travail. Cassez un œuf au centre et ajoutez les 5 cl de lait restant, les 15 g de sucre et la cuillère et demie de sel. Mélangez le tout. Ajoutez la levure délayée et pétrissez l'ensemble.

2 Mélange. Lorsque la pâte est homogène, incorporez les 60 g de beurre ramolli, puis ajoutez les 150 g de raisins secs. Façonnez une boule avec la pâte et déposez-la dans un saladier recouvert d'un torchon humide. Laissez lever pendant 3 h dans un endroit tempéré.

3 Pétrissage et fermentation. La pâte doit avoir doublé de volume. Faites-la retomber en appuyant dessus avec la main et en la repliant sur elle-même. Faites de nouveau une boule, déposez-la dans le saladier et couvrez d'un film plastique. Mettez la pâte au frais toute la nuit.

4 Le jour même. Façonnage. Divisez la pâte refroidie en deux portions égales. Façonnez rapidement les pains de la longueur des moules. Beurrez et farinez 2 moules à cake rectangulaires. Disposez chaque morceau dans un moule. Laissez lever la pâte pendant 1 h 30.

5 Décoration. Préchauffez le four à 200° (th. 6-7). À l'aide d'un pinceau, badigeonnez chaque pain avec un œuf battu. Avec une lame fine, fendez chaque pain dans toute sa longueur.

6 Cuisson. Quand le four est bien chaud, enfournez et laissez cuire de 30 à 40 min. Surveillez la coloration et au besoin baissez la température à 180° (th. 6). Démoulez et mettez les pains briochés aux raisins à refroidir sur une grille.

Ingrédients
(pour 2 pains)

- ✓ *250 g de farine de blé ordinaire tamisée*
- ✓ *1 œuf + 1 pour la dorure*
- ✓ *10 cl de lait*
- ✓ *15 g de sucre en poudre*
- ✓ *3 cuillères à café de sel*
- ✓ *10 g de levure fraîche de boulanger*
- ✓ *60 g de beurre ramolli + 20 g pour les moules*
- ✓ *150 g de raisins secs*

Ustensile

- ✓ *2 moules à cake*

› VARIATION

Vous pouvez parfumer vos raisins en les laissant mariner dans du rhum, du cognac, du whisky ou, pour les enfants, dans du jus d'orange.
Vous pouvez aussi remplacer les raisins par des dés d'oranges ou de citrons confits ou des pépites de chocolat. Dans ce dernier cas, servez les pains briochés au goûter avec une bonne tasse de chocolat chaud.

Le pain *des îles*

Ce pain des îles est idéal pour un petit déjeuner paresse. Ses saveurs doucement épicées égaieront votre café du matin. Pour un réveil sans souci, vous le confectionnerez la veille : il n'en sera que meilleur !

1 PRÉPARATION. Préchauffez le four à 180° (th. 6). Beurrez et farinez légèrement le moule. Retournez-le et tapotez pour ôter l'excédent.

2 PRÉPARATION DE LA FARINE. Versez les 280 g de farine, la pincée de sel, les 2 pincées de noix de muscade, la pincée de cannelle en poudre et le sachet de levure chimique dans un saladier. Mélangez.

3 MÉLANGE RHUM-BANANES. Ôtez la peau des 2 bananes et mettez-les dans un saladier. Écrasez la chair avec une fourchette. Versez la cuillère à soupe de rhum et mélangez.

4 INCORPORATION. Ajoutez les 120 g de sucre cassonade en poudre, les 120 g de fruits exotiques séchés, les 2 sachets de sucre vanillé, les 2 œufs et le yaourt dans le saladier contenant la banane. Mélangez bien les ingrédients.

5 FINITION DE LA PÂTE. Versez la préparation ci-dessus dans le saladier contenant la farine, la muscade, la cannelle et la levure. Mélangez soigneusement.

6 CUISSON. Versez la pâte dans le moule et lissez le dessus avec une spatule. Mettez à cuire 35 min. en baissant la température à 120° (th. 4) les 10 dernières minutes. Démoulez et laissez refroidir sur une grille.

Ingrédients
(pour 4 à 6 personnes)

- ✓ *280 g de farine de blé ordinaire tamisée*
- ✓ *2 bananes*
- ✓ *120 g de fruits exotiques séchés*
- ✓ *2 œufs*
- ✓ *1 yaourt*
- ✓ *120 g de sucre cassonade*
- ✓ *2 sachets de sucre vanillé*
- ✓ *1 cuillère à soupe de rhum*
- ✓ *1 pincée de sel*
- ✓ *2 pincées de noix de muscade râpée*
- ✓ *1 pincée de cannelle en poudre*
- ✓ *1 sachet de levure chimique*
- ✓ *10 g de beurre mou pour le moule*

Ustensile
- ✓ *un moule à cake d'environ 24 cm*

›ASTUCE
Choisissez, pour confectionner cette recette, des bananes bien mûres. Leur chair sera plus facile à mélanger à la pâte et elles développeront au mieux leurs parfums doux et sucrés. D'autre part, si vous ne voulez pas mettre de rhum dans la préparation, augmentez légèrement la quantité de vanille pour renforcer les saveurs.

Préparation : 15 minutes | Repos : 5 heures | Cuisson : 35 minutes | Réalisation : facile | Coût : bon marché

La tresse
de la reine

Faites la fête avec cette brioche tressée et joufflue à souhait ! Voici une fort jolie manière de renouveler le plaisir gourmand des galettes de l'Épiphanie. Celle-ci est dédiée à la reine et, bien sûr, c'est la plus belle de toutes !

Ingrédients
(pour 1 tresse)

- ✓ 450 g de farine de blé à pâtisserie
- ✓ 2 œufs + 1 jaune
- ✓ 18 g de levure fraîche de boulanger
- ✓ 110 g de dés de beurre ramolli + 10 g
- ✓ 50 g de sucre en poudre
- ✓ 4 sachets de sucre vanillé
- ✓ 10 cl de lait tiède
- ✓ 3 cl de whisky
- ✓ 1 cuillère à café de zeste de citron râpé
- ✓ 2 pincées de sel

1 **PRÉPARATION DE LA LEVURE.** Émiettez la levure dans un bol avec les 10 cl de lait tiède et les 50 g de sucre en poudre. Mélangez et laissez reposer 10 min. à température ambiante.

2 **PRÉPARATION DE LA PÂTE.** Versez les 450 g de farine et ajoutez les 110 g de dés de beurre, les 4 sachets de sucre vanillé, les 3 cl de whisky, les 2 pincées de sel, la cuillère à café de zeste de citron râpé et les 2 œufs. Mélangez bien.

3 **1ER TEMPS DE REPOS.** Mettez au frais 4 h en couvrant d'un film alimentaire.

4 **FAÇONNAGE.** Divisez la pâte et formez 3 boudins de taille égale de 5 cm d'épaisseur environ. Façonnez une tresse et soudez les deux extrémités pour former une couronne.

5 **2E TEMPS DE REPOS.** Déposez la couronne sur une plaque de four couverte d'un papier sulfurisé et laissez dans un endroit tiède environ 50 min.

6 **CUISSON.** Préchauffez le four à 180° (th. 6). Badigeonnez le dessus de la couronne de jaune d'œuf battu. Mettez à cuire environ 35 min. Laissez refroidir sur une grille.

›ASTUCE

Respectez bien les temps de pause pour permettre à votre pâte de lever correctement : c'est pour vous la garantie de réussir votre tresse. Quand vous travaillez la pâte, pensez à fariner vos mains pour éviter que la farine ne colle trop. Après avoir doré la tresse, vous pouvez en décorer le dessus d'un peu de sucre en grains.

Préparation : 15 minutes | Repos : aucun | Cuisson : 4 minutes par poêlée | Réalisation : facile | Coût : assez cher

Le pain *perdu*

Voici une recette qui sent bon les goûters de nos grands-mères. Autrefois, il n'était pas question de jeter un morceau de pain, parfois rare ou difficile à gagner. Il existait donc des recettes pour accommoder les restes, qui donnaient à leur tour de succulents mets. Ce dessert rapide à réaliser fera la joie des enfants.

1 PRÉPARATION. Vous pouvez utiliser du pain rassis, mais la recette est meilleure avec du pain de mie ou du pain brioché rassis. Coupez des tranches pas trop épaisses. Si vous utilisez une gousse de vanille, coupez-la en deux dans le sens de la longueur et retirez-en les graines avec un couteau.

2 MÉLANGE. Mettez les 50 cl de lait, les 100 g de sucre et les graines de la 1/2 gousse de vanille (ou le sucre vanillé) dans une casserole et portez à ébullition. Faites infuser quelques minutes, puis versez le lait sucré dans un plat creux et attendez qu'il tiédisse.

3 FAÇONNAGE. Dans un saladier ou une assiette creuse, cassez les 4 œufs et fouettez-les. Faites tremper les tranches de pain successivement dans le lait sucré tiédi (le pain ne doit pas s'écraser, mais doit être juste imprégné), puis dans les œufs battus.

4 CUISSON. Faites chauffer un peu de beurre dans une poêle (environ 20 g de beurre à chaque poêlée) et déposez quelques tartines dans la poêle. Laissez-les dorer environ 2 min. de chaque côté en surveillant leur coloration.

5 PRÉSENTATION. Retirez les tranches de pain perdu avec une spatule ou une écumoire et égouttez-les sur un papier absorbant. Faites cuire les autres tranches de la même manière.

Ingrédients
(pour 12 tranches)

- ✓ *1/2 gousse de vanille ou un sachet de sucre vanillé*
- ✓ *4 œufs*
- ✓ *50 cl de lait*
- ✓ *100 g de sucre en poudre*
- ✓ *60 g de beurre*

›ASTUCE

Si vous êtes pressé, vous pouvez écourter certaines étapes de la recette. Dans ce cas, prenez un plat creux, cassez-y les œufs et ajoutez le lait et le sucre. Respectez les mêmes proportions. Fouettez l'ensemble et lorsque le mélange est homogène plongez-y les tranches de pain. Suivez ensuite les instructions décrites dans la recette pour la cuisson.

›DÉGUSTATION

Vous pouvez servir le pain perdu encore chaud.
Vous l'accommoderez à votre goût, accompagné soit de confiture, de miel ou de sirop d'érable, soit tout simplement de sucre. Vous pouvez aussi le découper avec un emporte-pièce et le servir en minibouchées lors d'un goûter d'enfants.

Préparation : 15 minutes | Repos : 1 heure 45 minimum | Cuisson : 35 minutes | Réalisation : assez délicate | Coût : assez cher

Le pain sucré *de Noël*

Savourez ce délicieux pain sucré célèbre en Alsace et en Allemagne. On le prépare traditionnellement au moment de Noël. Il représente l'enfant Jésus dans ses langes. C'est le Christstollen ! Il se savoure avec un vin chaud épicé.

1 PRÉPARATION. Faites tiédir les 12,5 cl de lait dans une casserole. Émiettez les 20 g de levure fraîche dans un saladier, versez le lait tiède et délayez. Ajoutez 100 g de farine, mélangez bien et couvrez d'un linge. Laissez gonfler dans un endroit tiède pendant 20 min.

2 MÉLANGE. Versez les 250 g de farine restant dans un saladier. Creusez un puits et versez le mélange levure-lait-farine au centre du puits en incorporant peu à peu la farine. Ajoutez les 40 g de sucre en poudre, 1/4 de zeste de citron râpé, l'œuf, les 2 g de sel. Pétrissez 5 min.

3 TEMPS DE REPOS. Ajoutez les 150 g de beurre ramolli découpé en dés et mélangez. Incorporez ensuite les 20 g d'amandes en poudre, les 80 g d'amandes hachées, les 60 g d'écorce d'oranges confites et les 45 g de raisins secs. Formez une boule, couvrez d'un linge et laissez gonfler pendant 40 min.

4 FAÇONNAGE. La pâte va doubler de volume. Travaillez-la à la main quelques instants et façonnez un pain de forme allongée. Couvrez de nouveau d'un linge et laissez gonfler encore 45 min. à température ambiante.

5 PRÉ-CUISSON. Préchauffez le four à 200° (th. 6-7). Déposez les stollens sur une plaque de four beurrée et farinée.

6 CUISSON. Incisez le dessus avec la lame d'un couteau. Mettez à four chaud pendant 35 min. à la sortie du four, badigeonnez le dessus des stollens d'un peu de beurre fondu et couvrez de sucre glace. Laissez refroidir sur une grille.

Ingrédients

(pour 4 à 6 personnes)

- ✓ *350 g de farine de blé ordinaire tamisée*
- ✓ *20 g de levure fraîche de boulanger*
- ✓ *150 g de beurre ramolli*
- ✓ *40 g de sucre en poudre*
- ✓ *12,5 cl de lait*
- ✓ *1 œuf*
- ✓ *1/4 de zeste de citron non traité râpé finement*
- ✓ *45 g de raisins secs*
- ✓ *20 g d'amandes en poudre*
- ✓ *80 g d'amandes hachées*
- ✓ *60 g d'écorces d'oranges confites en dés*
- ✓ *2 g de sel*
- ✓ *30 g de beurre*
- ✓ *sucre glace pour la décoration*

› VARIATION

Vous pouvez remplacer les 20 g d'amandes en poudre par 20 g de noisettes en poudre. Vous pouvez aussi ajouter des épices à votre pâte avec 1 pincée de cardamome en poudre et 1 pincée de noix de muscade finement râpée ou 1 pincée de cannelle en poudre mélangée à 1 pincée de 4-épices. Pour les amateurs, ajoutez 5 cl de rhum dans la pâte : cela donnera un délicieux petit parfum des îles.

Préparation : 20 minutes | Repos : 3 heures | Cuisson : 45 minutes | Réalisation : facile | Coût : assez cher

Le pain sucré
rhum raisins

Ce pain sucré associe avec panache rhum et raisins. Une idée originale pour le breakfast ou pour un brunch accompagné d'œufs aux plats, de saucisses, de fromages à pâte cuite et de fruits frais.

1 Préparation des raisins. Versez les 100 g de raisins secs dans un bol et couvrez avec les 4 cl de rhum. Laissez reposer 1 h.

2 Préparation de la levure. Émiettez les 16 g de levure dans les 20 cl de lait.

Ingrédients

(pour 4 à 6 personnes)

- ✓ *220 g de farine de blé ordinaire tamisée*
- ✓ *220 g de farine semi-complète*
- ✓ *100 g de raisins secs*
- ✓ *4 cl de rhum*
- ✓ *1 œuf*
- ✓ *150 g de sucre cassonade en poudre*
- ✓ *2 cuillères à soupe de crème fraîche épaisse*
- ✓ *20 cl de lait tiède*
- ✓ *16 g de levure fraîche de boulanger*
- ✓ *2 cuillères à café de sel*

3 Préparation de la pâte. Versez les 220 g de farine ordinaire, les 220 g de farine semi-complète, la levure délayée, les 150 g de sucre cassonade, l'œuf, les 2 cuillères à soupe de crème fraîche, les raisins égouttés et les 2 cuillères à café de sel. Mélangez et pétrissez 8 min.

4 1er temps de repos. Formez une boule de pâte et mettez-la dans un plat creux huilé. Couvrez d'un linge et laissez reposer dans un endroit chaud environ 1 h.

5 2e temps de repos. Huilez légèrement le moule. Formez un boudin avec la pâte et placez-le dans le moule. Couvrez d'un linge et laissez reposer dans un endroit chaud environ 2 h. Préchauffez le four à 240° (th. 8).

6 Cuisson. Placez un bol d'eau dans le bas du four. Badigeonnez le dessus du pain d'un peu d'eau. Mettez à cuire environ 45 min., en baissant la température à 210° (th. 7) les 10 dernières minutes. Laissez refroidir sur une grille.

›ASTUCE

Si vous aimez particulièrement le parfum du rhum, vous pouvez arroser votre pain de 2 cuillères à soupe de rhum à la sortie du four. Vous pouvez aussi le servir avec un beurre que vous aurez travaillé avec une 1 cuillère à soupe de sucre vanillé et 1 cuillère à café de rhum.

Préparation : 1 heure | Repos : 1 heure | Cuisson : 1 heure 30 | Réalisation : facile | Coût : assez cher

Le véritable *pain d'épices*

C'est lors d'un voyage en Flandre que Philippe le Bon aurait remarqué «cette bonne galette au suc d'abeille» dont il rapporta la recette à Dijon. Et le succulent pain d'épices ne tarda pas à devenir la spécialité de la région. Ce pain sucré, très proche du gâteau, fera les délices de nos petits gourmands, au petit déjeuner comme au goûter.

1 PRÉPARATION. Faites chauffer les 20 cl de lait à feu doux dans une casserole et mettez-y à fondre les 200 g de miel et les 50 g de sucre. Délayez avec un fouet pour que la préparation soit bien homogène. Laissez refroidir environ 10 min.

2 MÉLANGE. Dans un saladier, versez les 200 g de farine de blé et les 200 g de farine de seigle ainsi que le sachet de levure et les épices en poudre. Mélangez bien.

3 PÉTRISSAGE. Versez le lait aromatisé progressivement dans le saladier en remuant avec une spatule de façon à bien incorporer les ingrédients. Si vous le désirez, ajoutez les zestes d'agrume ou des morceaux de gingembre confit.

4 DÉCORATION. Beurrez un grand moule à cake et versez la pâte. Réservez 1 h avant d'enfourner. Vous pouvez parsemer la pâte de quelques amandes effilées.

5 CUISSON. Préchauffez le four à 140° (th. 4-5). Laissez cuire pendant 1 h 30. Vérifiez la cuisson en piquant le pain avec la lame d'un couteau — qui doit ressortir sèche — quand il est cuit.

6 AU SORTIR DU FOUR. Démoulez et laissez refroidir le pain d'épices sur une grille. Il vaut mieux attendre 48 h avant de le déguster. Vous pouvez le conserver pendant plusieurs jours dans une boîte hermétique. Certaines personnes le préfèrent même un peu rassis.

Ingrédients

(pour 1 pain d'épices)

- ✓ *200 g de farine de blé tamisée*
- ✓ *200 g de farine de seigle tamisée*
- ✓ *1 sachet de levure chimique*
- ✓ *200g de miel*
- ✓ *50 g de sucre roux en poudre*
- ✓ *20 cl de lait*
- ✓ *1/2 cuillère à café d'anis en poudre, de cannelle, de gingembre*
- ✓ *1 pincée de noix de muscade et de clou de girofle en poudre.*

Facultatif

- ✓ *100 g de zeste de citron et d'orange ou de gingembre confit et une cuillère à soupe d'amandes effilées.*

› LE SAVIEZ-VOUS ?

Dans toute l'Europe du Nord, où chaque région a sa recette, on réalise de petits pains d'épices en forme d'étoile pour les mettre sur l'arbre de Noël.
La tradition veut aussi qu'on s'offre des pains d'épices décorés en forme de père Noël.
Les motifs sont alors réalisés et colorés avec du sucre glace additionné de colorants alimentaires.

Les pains aux noix *et aux raisins*

Invitez les saveurs d'automne à votre table et préparez de délicieux petits pains aux noix et aux raisins. Riches en minéraux, en fibres et en vitamines, ils sont un trésor d'énergie et de santé. Grâce à leur douce saveur fruitée, ils feront le bonheur des petits comme des grands.

Ingrédients
(pour 8 petits pains)

- ✓ 350 g de farine de blé ordinaire tamisée
- ✓ 50 g de cerneaux de noix concassées
- ✓ 40 g de raisins secs
- ✓ 12 g de levure fraîche de boulanger
- ✓ 20 cl d'eau tiède (environ 30°)
- ✓ 1,5 cuillère à café de sel fin

1 PÉTRISSAGE. Versez les 20 cl d'eau tiède dans un bol et délayez les 12 g de levure fraîche. Versez les 350 g de farine sur le plan de travail et ajoutez la levure délayée. Mélangez bien. Versez la cuillère et demie de sel. Pétrissez la pâte avec les mains pendant 5 min.

2 INCORPORATION. Versez les 50 g de noix concassées et les 40 g de raisins secs. Continuez à pétrir pendant encore 5 min. Votre pâte doit former une boule lisse et homogène.

3 TEMPS DE REPOS. Déposez la pâte dans un plat creux, couvrez d'un linge et laissez reposer 45 min. dans un endroit chaud à l'abri des courants d'air. La pâte va doucement gonfler.

4 FAÇONNAGE. Déposez la pâte sur un plan de travail fariné et rompez-la plusieurs fois avec les mains. Façonnez avec vos mains farinées 8 petits pains ronds. Rangez-les sur une plaque de four farinée. Couvrez d'un linge et laissez reposer dans un endroit chaud pendant deux heures et demie.

5 CUISSON. Préchauffez le four à 240° (th. 8). Déposez un plat rempli d'eau tiède dans le four. Badigeonnez les pains d'un peu d'eau. Incisez le dessus en croix. Mettez à four chaud 25 min. en baissant la température à 210° (th. 7) les 10 dernières minutes. Laissez refroidir sur une grille.

› ASTUCE

Avec la même quantité de pâte, vous pouvez si vous le souhaitez pétrir deux pains de forme allongée. Dans ce cas, pensez à prolonger la cuisson au four de 10 min environ. Assurez-vous alors que les pains sont cuits à point en tapotant le dessous. Si cela sonne creux, c'est le bon moment pour arrêter la cuisson ! Sinon, laissez-les encore 2 min !

› DÉGUSTATION

Les petits pains aux noix et aux raisins sont délicieux nature. Ils accompagnent très bien un fromage de chèvre un peu sec type crottin de Chavignol ou bien un Gruyère suisse ou un comté du Jura. Pensez-y pour le goûter des enfants. Ils se marient aussi très bien avec un civet de lapin ou un lapin à la bière.

Préparation : 20 minutes | *Repos : 3 heures* | *Cuisson : 20 minutes* | *Réalisation : facile* | *Coût : bon marché*

Les petits pains *pommes et cannelle*

Ils ont tout pour plaire, ces petits pains joufflus. Un délicieux parfum de pommes du verger, une petite touche de cannelle, une bonne farine, une légère note sucrée… C'est la recette parfaite pour se régaler en famille !

1 Préparation. Émiettez les 12 g de levure dans les 20 cl d'eau tiède. Versez les 350 g de farine dans un saladier et ajoutez la levure délayée. Mélangez et ajoutez la cuillère à café de sel, les 2 pincées de cannelle et les 40 g de sucre en poudre.

2 Pétrissage. Travaillez la pâte environ 8 à 10 min. Votre mélange doit être souple et élastique.

Ingrédients
(pour 5 petits pains)

- ✓ *350 g de farine de blé ordinaire tamisée*
- ✓ *12 g de levure fraîche de boulanger*
- ✓ *20 cl d'eau tiède*
- ✓ *40 g de sucre en poudre*
- ✓ *2 pommes*
- ✓ *2 pincées de cannelle en poudre*
- ✓ *1 cuillère à café de sel*
- ✓ *huile pour le plat*

3 Temps de repos. Formez une boule de pâte et mettez-la dans un plat creux légèrement huilé. Couvrez d'un linge et laissez reposer 1 h dans un endroit chaud à l'abri des courants d'air.

4 Préparation des pommes. Épluchez les 2 pommes, ôtez le cœur et les pépins. Détaillez la chair des pommes en petits dés. Pliez la pâte plusieurs fois et incorporez les dés de pommes.

›ASTUCE

Le choix des pommes est important dans cette recette : une note un peu acide de reinette ou de Granny Smith sera très agréable, à moins que vous ne préfériez la douceur d'une Golden, qui s'harmonisera très bien avec la pâte à pain sucrée. Pensez à citronner très légèrement les dés de pommes lorsque vous les préparez, pour éviter qu'ils ne noircissent.

5 Façonnage. Travaillez la pâte environ 2 min. Divisez la pâte en 5 petits pâtons. Façonnez-les en 5 petits pains ronds. Couvrez d'un linge et mettez au chaud environ 2 h. Préchauffez le four à 240° (th. 8).

6 Cuisson. Placez un bol d'eau tiède dans le bas du four. Mettez à cuire environ 20 min. en baissant la température à 210° (th. 7) les 10 dernières minutes. Laissez refroidir sur une grille.

Préparation : 35 minutes | *Repos : aucun* | *Cuisson : 20 minutes* | *Réalisation : facile* | *Coût : bon marché*

Le pain crème *et chocolat*

C'est un costaud qui se révèle tendre à l'intérieur. Ce pain sucré est à réserver en priorité à tous les amateurs de chocolat, et ils sont nombreux ! Un pain surprise qui convient parfaitement pour un goûter d'enfants !

1 PRÉPARATION. Préchauffez le four à 180° (th. 6). Beurrez et farinez légèrement le moule.

2 PRÉPARATION DE LA FARINE. Versez les 250 g de farine et le demi-sachet de levure dans un saladier et mélangez avec une cuillère.

Ingrédients
(pour 1 pain)

- ✓ *250 g de farine de blé ordinaire tamisée + 1 cuillère à soupe*
- ✓ *2 œufs*
- ✓ *1/2 sachet de levure chimique*
- ✓ *80 g de sucre cassonade*
- ✓ *80 g d'amandes en poudre*
- ✓ *60 g de noisettes hachées*
- ✓ *100 g de crème à tartiner au chocolat*
- ✓ *100 g de fromage blanc frais*
- ✓ *sucre glace*
- ✓ *5 g de beurre*

3 1ER MÉLANGE. Ajoutez les 80 g d'amandes, les 60 g de noisettes hachées dans la farine et mélangez.

4 2E MÉLANGE. Cassez les 2 œufs dans un saladier, ajoutez les 80 g de sucre cassonade et mélangez vivement avec un fouet.

›ASTUCE

Si vous n'avez pas de crème au chocolat à tartiner, faites fondre 100 g de chocolat noir pâtissier avant de l'incorporer au mélange œufs-crème-fromage blanc. Pour varier, vous pouvez aussi prendre un chocolat au lait que vous râperez avec une râpe à fromage (grille large) avant de l'ajouter tel quel à la crème.

5 FINITION DE LA PÂTE. Ajoutez les œufs et le sucre dans le saladier de farine. Incorporez les 100 g de fromage blanc et la crème à tartiner au chocolat.

6 CUISSON. Remplissez le moule avec la pâte. Lissez le dessus. Mettez à cuire environ 35 min. Démoulez, laissez refroidir et saupoudrez généreusement de sucre glace en vous aidant d'une petite passoire fine.

Index